紙の上のタイムトラベル

松本典久 著

東京書籍

鉄道と時刻表の150年
紙の上のタイムトラベル

目次　CONTENTS

＊時刻表の書影は、復刻版を含みます。

鉄道と時刻表の150年
紙の上のタイムトラベル

Part 1

1872（明治5）年～1929（昭和4）年

花が開き、人々が動く。
そして近代へのレールが
敷かれていく。

マシュー・ペリー提督率いるアメリカ合衆国海軍東インド艦隊の
蒸気船2隻を含む艦船4隻が江戸湾の入口である浦賀に来航したのは、
鉄道が初めて日本を走った1872（明治5）年の
ほんの19年前、1853（嘉永6）年である。
ここから始まるのがいわゆる「幕末」で、時代は江戸から明治へ。
日本は元号だけでなく、国そのものが大きく変貌し、
しかもその変貌は、目くるめく速さだった。
鉄道創業の準備も始まり、新しい時代に入ってまもなく、
新橋〜横浜間を明治天皇を乗せたマッチ箱のような列車が走った。
そして、その汽笛とともに同時に時刻表も登場する。
時代を追いかけるようにして、次々に生まれる私設鉄道、
そして鉄道の国有化、東京駅の開業。日本の近代へのレールが敷かれていく。

1872 （明治5）

日本の鉄道創業

御召列車、天皇陛下は3両目

盛大に開業式が開かれた新橋停車場。明治3年3月（旧暦）の着工から2年半の歳月を経て、ようやく新橋〜横浜間開業にこぎ着けた。

創業当時の乗車券。この時代の等級は上等・中等・下等となっていたが、券面は一等・二等・三等で表記されていた。

万国旗、祝砲とともに……

1872年10月14日（旧暦：明治5年9月12日）午前10時、「新橋ステーション」。

万国旗がひるがえり、紅白の提灯や緑のアーチが彩るなかを、蒸気機関車に牽かれた列車が動き始めた。雅楽「万歳楽」が奏でられ、日比谷練兵場から101発、品川沖の軍艦から21発の祝砲がとどろく。

日本初の鉄道、新橋〜横浜間の本開業、列車は横浜で開催される鉄道開業式典に臨席するため明治天皇が乗車された御召列車である。

公文書「太政類典」によると、客車は9両連結で、いずれも鉄道ファ

汽車出發時刻及賃金表

ンには"マッチ箱"の通称でも知られる小型の2軸客車だ。明治天皇は直前に井上勝鉄道頭より献上された「鉄道図」を手に3両目に乗車された。

機関車に関しての公式記録はないが、「Far East」誌の写真などから1号機関車ではなく5号機だったと推測する向きもある。開業に向けて10両の機関車がイギリスから輸入され、5号機とすればのちの国鉄形式で160形。性能、使い勝手もよかったと評価されており、御召列車に抜擢された可能性も頷ける。

「横浜ステーション」には午前11時着。こちらも国旗や提灯、紅白の幔幕などで飾られ、雅楽「慶雲楽」が奏でられるなか、列車は到着を祝福された。

エドモンド・モレルがやってきた

式典は、政府高官や外国公使も多数列席し盛大に催されたが、それは明治政府がこの鉄道開業を「極めて意義のある」ものととらえていたためだ。

鉄道技術は19世紀初頭に実用化され、欧米諸国で建設・運行が進められていったが、当時の日本は、富国強兵・殖産興業を政策の基調として近代国家建設の途に就いたばかり。それまでは鎖国体制だったこともあり、鉄道技術の具体的な導入決定は1869（明治2）年となった。

鉄道は日本にとって未知の技術だ。駐日英国公使ハリー・パークス

卿は、明治維新を通じて大きな外交上の足跡を残し、西洋文明の導入に協力した人物だが、そのパークスと旧知の間柄だったイギリス人、ホレーシオ・ネルソン・レイが采配を振るうことになり、レイによって選任されたエドモンド・モレルらが来日した。

パリなどで土木工学を修め、若くしてオーストラリア鉄道顧問技師などを務めた若干28歳のモレルが招聘により来日したのは1870（明治3）年4月。さっそく初代の鉄道建設師長に抜擢され、前後して日本に集った技術者たちとともに、すぐさま東京の汐留町から線路の測量に入った。のちに新橋駅として鉄道の起点となる場所である。

この新橋～横浜間の軌間、つまり

井上探景筆『大日本鐡道發車之圖』。鉄道頭井上勝のほか、鉄道建設賛成派の大隈重信と反対派の西郷隆盛も参列。

レール幅は1,067ミリ（3フィート6イ ンチ）とされ、その後、これが日本の 標準規格となった。「日本国有鉄道 百年史」ではレイからモレルにあて た書簡で軌間が指示されたとしてい るが、これほど重要な決定にもかか わらず、その経緯は定かでない。

　それはさておき、モレルは精力的 に動き、着々と準備を進めていった。

単純に鉄道を建設するだけでなく、 日本の技術者を養成するために工 学寮（工部大学）の開設なども提言 し、近代技術発展の基礎づくりに大 きく貢献している。

　当時、鉄道に関わる外国人技術 者は115人にのぼった。日本人鉄道 職員は250人ほどだったというから 鉄道関係者の約1／3が外国人だ。

開業時の新橋停車場（上）と横浜停車場（下）。停車場前には現在のタクシーのように人力車が並ぶ。

同時期の鉄道以外の外国人雇用者は400人強で、この数だけを見ても明治政府の鉄道にかける意気込みが感じられる。

すべてはこの29キロから

鉄道の建設は進み、1872年6月12日（旧暦：明治5年5月7日）には品川〜横浜間で「仮開業」にこぎ着けた。

新橋〜品川間の工事に手間取り、先に完成した区間で慣らし運転を始めたため「仮」だったのだ。

この仮開業初日は2往復運転。徐々に本数が増やされ、本開業前には8往復。本開業後、式典翌日から毎日9往復の運転が始まった。当時の所要時間は新橋〜横浜間で53分。徒歩で1日がかりだった場所が、

三代目歌川広重が描いた『東京品川海辺蒸気車鉄道之真景』。海を埋め立て、堤防を築き、線路が敷かれている。

開業式に走った御召列車は、1号機関車ではなく5号機だったとする説も。のちの国鉄160形で、性能がよく、御召列車に抜擢された可能性も頷ける。

この日から日帰り圏内となった。現在2万キロを超えている日本の鉄道は、この29キロから始まったのだ

その場にモレルの姿はなかった。この開業を待たず、1871（明治4）年11月5日、新橋〜横浜間の建設工事半ばにして帰らぬ人となってしまった。享年30歳。モレルは結婚していたが、看病の疲れもあったのか、夫人もモレルを追うように亡くなった。

ふたりは横浜外国人墓地に埋葬され、脇には梅の木が植えられた。この梅はひとつの枝に紅白の花をつけ、まるでふたりの深い愛を表現するかのように成長し、人々はこの梅を「連理の梅」として愛でるようになったという。

鉄道建設の指揮を執った初代建築師長モレル。日本の鉄道の恩人は、夫人とともに安らかに眠っている。

横浜外国人墓地にはモレル以外にも多くの外国人鉄道技術者が眠り、鉄道記念物あるいは準鉄道記念物としてその功績を讃えられている。戦後の国鉄時代に新たな梅を1本、そしてJR時代にも1本が植樹され、モレルら"日本の鉄道の恩人"となる先人への供養は続けられている。

1854 （嘉永7）日本人と蒸気車模型との出会い

■ アメリカ使節ペリーが江戸幕府に献上

幕府が鎖国政策をとっていた江戸時代末期、ペリーが来航。
2度目の来航時、蒸気車模型（蒸気で稼働する蒸気機関車
の模型）を持参、江戸城内などで運転してみせた。海外文明
の流入を拒否していた幕府が鉄道知識を得る機会となった。
写真は、横浜応接所での陸揚げ風景。

1855 （安政2）日本製の蒸気車模型が誕生

■ 佐賀藩など各地で蒸気車模型を製作

1853（嘉永6）年、長崎にロシア使節プーチャチンが来航。こ
こでも蒸気車模型が持参され、これを参考に蒸気車模型が
製作された。佐賀藩はのちに東芝のルーツのひとつとなる田
中製造所を創業する田中久重らに担当させ、日本初の蒸気車
模型（写真）が誕生した。現在、鉄道記念物に指定されている。

> 1868 （明治元）
> 明治に改元

1869 （明治2）いよいよ鉄道計画が日本でも

■ 鉄道建設を廟議決定して着工へ

江戸幕府は鉄道建設を計画したが王政復古で実現に至ら
ず、明治政府成立後には諸外国から鉄道建設の請願が相次
いだ。11月10日（現在の太陽暦では12月12日）、政府の参議・
大久保利通らは東西両京を結ぶ鉄道を幹線、東京～横浜間
などを支線とする鉄道建設を廟議決定した。

> 1871 （明治4）
> 廃藩置県

1872 （明治5）日本の鉄道の夜明け

■ 新橋～横浜間の鉄道が開業

新橋～横浜間の鉄道が完成、10月14日（旧暦9月12日）に明
治天皇などの来賓を迎えて開業式典を開催。のちに10月14
日を「鉄道記念日」と定め、現在の「鉄道の日」に続いている。
営業運転は翌15日からだが、品川～横浜間は6月12日（旧暦
5月7日）から仮開業。写真は開業時の新橋停車場。

出来事・トピックス

1874 （明治7）関西でもレールが敷かれる

■ 大阪～神戸間の鉄道が開業

関西エリアでも鉄道建設が始まり、5月11日に大阪～神戸間で開業した。この間には芦屋川など3つの天井川があり、日本の鉄道では初となる隧道によって通行している。3年後の2月には京都～神戸間の直通運転が開始された。この路線がのちに東海道線の一部となった。写真は京都停車場。

1877 （明治10）
西南戦争

1880 （明治13）殖産興業を支える鉄道

■ 工部省鉱山局の釜石鉱山鉄道開業

殖産興業政策の一環として釜石に日本初の官営製鉄所が設けられ、鉱山と製鉄所は鉄道で結ばれた。国内3番目の鉄道だったが、3年で製鉄事業も鉄道も廃止。この鉄道は2フィート9インチ（838ミリ）という世界的にも珍しい軌間だった。写真は阪堺鉄道（南海電気鉄道の前身）に移籍後の車両。

1880 （明治13）北の大地に鉄道がやってきた

■ 幌内鉄道の手宮～札幌間が開業

明治初期、北海道には開拓使が置かれた。幌内地方では石炭が産出され、それを小樽港手宮へと運ぶために建設されたのが幌内鉄道。11月28日に手宮～札幌間で開業、2年後に幌内まで全通した。弁慶号などが活躍し、路線は現在の函館本線の一部などに。写真は当時の札幌駅(明治15年ごろ)。

1882 （明治15）レールの上を馬車が走る

■ 東京馬車鉄道 新橋～日本橋間で開業

線路上の車を馬が牽いて運行するのが馬車鉄道で、東京馬車鉄道が6月25日から新橋～日本橋間で運行したのが始まり。通常の馬車より乗り心地がよく全国に広まったが、糞尿の問題もあり長続きしなかった。のちに東京馬車鉄道は線路を活用して路面電車化、その後の都電の一部となった。

汽車汽舩旅行案内

冊子型時刻表、事始め

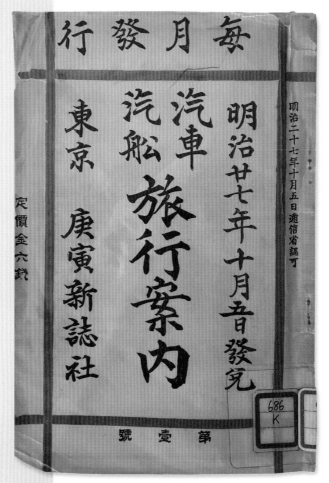

鉄道開業から20年あまりを経て誕生した、日本初の月刊時刻表『汽車汽舩旅行案内』。

每月發行

汽車汽舩旅行案内

東京 庚寅新誌社

明治廿七年十月吾日發兌

明治二十七年十月五日通信省認可

定價金六錢

第壹號

1892（明治25）年度末には、私設と官設を合わせて鉄道が3,000キロに到達。鉄道での旅が人々の間に広がっていった（左）。明治30年代には山陽鉄道で食堂車が登場し、それに追随して官設鉄道でも新橋〜神戸間急行列車に食堂車（右）を導入し、洋食の営業を開始した。

国内初の私鉄日本鉄道が上野〜熊谷間で開業、私鉄ブームを牽引。楊洲周延筆『上野ステイーシヨヲ繁栄ノ図』。

英国には毎月発行せる……

　この本の表題の一部となっている「時刻表」。

　では、日本初の時刻表とは、いつ、どんな形で発行されたのだろうか?

　冊子型の時刻表は、明治20年ごろからさまざまな形で発行されているが、東京の庚寅新誌社（こういんしんししゃ）によって1894（明治27）年10月に創刊された『汽車汽舩旅行案内（きしゃきせんりょこうあんない）』、月刊ということで言えば、これが今日の時刻表につづく「事始め」だろう。

　創刊号序文には発行者・手塚猛昌が「汽車汽船の本家本元たる英國にては、……毎月發行せる鐵道案内あり……」と記し、海外の情勢も研究した上の発刊だった。全国の名所旧跡を紹介、紀行文なども掲載される旅行ガイドのような内容で、

日本鉄道上野機関庫。車両は、英米などから輸入。

全136ページの大半は、全国の鉄道路線と航路の時刻表と運賃の掲載で占められていた。

華族たちの私設鉄道ブーム

　月刊時刻表の登場——その背景には日本の鉄道の目覚ましい発展があり、その発展に一役買ったのが私設鉄道、いわゆる私鉄だ。日本初の私鉄「日本鉄道」が設立されたのは1881（明治14）年である。

　江戸の幕藩体制から維新を経て、明治政府は中央集権的政治体制を

幹線を担った官設の東海道線も私鉄に負けるまいと
延伸を続け、1889（明治22）年に新橋〜神戸間が全
通した。写真は、瀬田川橋梁（当時の草津〜石山間全
長405メートル）上で行なわれた試運転のときの一葉。

確立するため躍起になっていた。鉄道においても創業以後、大隈重信や伊藤博文といった初期の政府中枢が、「幹線鉄道は国で建設・運営する方針」を強く主張し、日本の鉄道事業の指揮にあたった井上勝も同調する姿勢を貫いていた。

だが、西南戦争などにより予想外の出費が重なり、政府の"懐事情"は

悪化し、幹線鉄道建設の動きは鈍る一方だった。

立ち上がったのが華族たちだ。「日本鉄道」は、岩倉具視をはじめとする華族が停滞していた官設鉄道を引き受ける形でスタートした鉄道なの

である。現在のJR高崎線などに相当する「東京高崎間鉄道」から開業し、東北本線や常磐線など、いまのJR東日本の路線の多くを建設していった。

これが成功した。

この「日本鉄道」の成功により鉄道建設をめざす企業が次々と現われ、第一次鉄道ブームが湧き起こる。殖産興業政策の助成が行なわれたことで、なんと52社もが手を挙げたが、投機的であるなど事業計画が甘

く、建設を頓挫する企業も多かったので、政府は1887（明治20）年に「私設鉄道条例」を公布。私設鉄道の健全な育成をめざした。

結局「日本鉄道」以後10年間に開業までこぎ着けた私設鉄道は14社。山陽・九州といった幹線鉄道を形成するものから、甲武・水戸・関西・讃岐など主要都市周辺と主要都市間を結ぶもの、さらには北海道炭礦・両毛・筑豊興業のように産業鉄道の

性格を持つものがあった。

　私設鉄道は「私設」であるがゆえにサービスに工夫を凝らしたものも多い。客車内照明の電灯化、食堂車・寝台車の導入は山陽鉄道が始めた。客車に白・青・赤の帯を施し、乗客が簡単に等級を見分けられるようにしたのは関西鉄道が初めだ。いずれもやがて全国に広まったのである。

鉄道ブーム再来と営業キロ延伸

　政府は、こうした私設鉄道を認める方向に動いたものの、一方で鉄道の公共的性格を強く意識し、特に動脈となる幹線鉄道については、やはり「官設」つまり「国営」が望ましいと考えていた。どっちつかずで、いつの時代でも政府は変わらないといえようか。それはさておき、「国営」の象徴とも言えるのが東海道線である。

　1889（明治22）年7月1日、新橋〜神戸間605.7キロ（当時）全通。直通列車は1日1往復、所要時間は20時間ほどかかったが、長大幹線の開通は政治・経済・文化など各方面に大きな影響をもたらすことになった。

　官営のパワーを持つ東海道線は、その後も複線化や新型機関車の導入などで輸送力が大幅にアップし、速度、コストともに安全で確実な輸送を確立した。ダイヤ上の工夫も施され、1896（明治29）年には、新橋〜神戸間に初めての急行列車が設定された。

山陽鉄道は客車内照明の電灯化（左）や寝台車（右）・食堂車の導入など日本初の取り組みでサービス向上をはかった。内装の豪華な1等寝台は食堂との合造車となっていた。

関西鉄道は官設鉄道に対抗して運賃を値下げし、さらに弁当や手ぬぐいをサービスするなど、乗客獲得をめぐり、熾烈な競争を繰り広げた。

○新橋（東京）神戸下關間

東海道線が新橋から神戸まで全通し、直通列車が走り始めた。

『日本国有鉄道百年史』によれば、下りは新橋6時00分発、名古屋には16時55分着、大阪には22時29分着、終着の神戸には23時22分着。上りは神戸6時00分発、大阪6時53分発、名古屋12時19分着、新橋23時09分着。所要時間は当初の20時間台から17時間台に大きく短縮された。

1892（明治25）年に国が建設すべき鉄道路線を定める「鉄道敷設法」が公布された。私設鉄道は予定通り開業せず、官設鉄道との連絡を怠ったりする鉄道も多く、幹線鉄道としての機能達成の見込みは立たず、この法律は私設鉄道の買収も視野に入れたものだった。

国の財政は困難な状態が続いていたが、国内経済は安定していたため、ここにきて鉄道ブームが再来した。1896（明治29）年度、免許申請を行った鉄道は450社を超えていた。しかし、同一路線の競願、あるいは計画不備のものが多く、仮免許を受けたものはこのうちの29社。開業しても立ちいかぬ鉄道もあり、やはり政府の助成を当てにした甘さがまだまだあった。とはいえ、鉄道営業キロは1905（明治38）年度には、官設約2,466キロ、私設約5,067キロと飛躍的に伸びたのである。

1883(明治16)年〜1905(明治38)年の

1883 (明治16) 岩倉具視らが私設鉄道を旗揚げ

■ 日本鉄道　上野〜熊谷間で開業

明治政府は幹線鉄道を官設とする方針だったが、西南戦争による財政難などから進捗は芳しくなかった。そこで岩倉具視ら華族の発案で私設鉄道として日本鉄道を設立、鉄道建設が始まった。7月28日には現在の高崎線などとなる上野〜熊谷間が開業。写真は上野駅の開業式。

1885 (明治18) 大阪と堺、2つの都市を結ぶ

■ 初の都市間鉄道阪堺鉄道　難波〜大和川間で開業

大阪でも民間による鉄道が出願された。現在の南海電気鉄道の前身となる阪堺鉄道として設立、廃止された釜石鉄道の車両やレールなどの払い下げを受けて12月29日に開業した。軌間は釜石と同じ838ミリだったが、のち1,067ミリに改軌。右は阪堺鉄道の賃金表。

1888 (明治21) 私鉄建設ブーム、熱く

■ 山陽鉄道　兵庫〜明石間で開業

民間からの幹線鉄道出願が相次ぐ。山陽本線の前身となる山陽鉄道もそのひとつ。11月1日に兵庫〜明石間で開業、路線を延ばしていく。山陽鉄道は日本初となる寝台車や食堂車、電気式車内灯、ボーイなどを導入、新しい鉄道サービスを模索した。写真は89号機関車（のちの6120形）。

1889 (明治22) 琵琶湖航路を鉄道に切り替え

■ 東海道線全通、新橋〜神戸間を直通

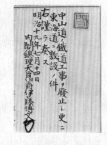

1886(明治19)年、政府は東西両京を結ぶ幹線鉄道を中山道から東海道に変更、その建設が一気に進んだ。最後は琵琶湖の太湖汽船で連絡していた長浜〜大津間を鉄道に切り替え、7月1日に新橋〜神戸間が全通した。「東海道線」と線路名が定まるのは1895(明治28)年。

※66.7‰（パーミル）＝1,000mの水平距離に対し、66.7mの垂直距離を持つ勾配。

出来事・トピックス

1893 （明治26） 日本でも珍しいアプト式鉄道

■ 信越線　最急勾配の横川〜軽井沢間開業

東西両京を結ぶ幹線鉄道は中山道経由でも建設されたが、横川〜軽井沢間の碓氷峠は地形が険しく、国鉄/JRを通じて最急の66.7‰勾配※。そこでこの間は歯車状レールを併用、専用機関車を使うアプト式とされた。この区間は、1895（明治28）年に信越線となった。

1894 （明治27）
日清戦争

1895 （明治28） 路面電車が京都のまちを駆ける

■ 京都電気鉄道が日本初の営業電車運転を開始

京都では琵琶湖疏水を利用して日本初の水力発電を実施。その電力を活用して1月31日から京都電気鉄道による電車運転が始まった。道路との併用軌道で路面電車となるため、電車の前を走りながら歩行者に注意を促す係員も用意された。のちに京都市に買収されて京都市電の一部となる。

1897 （明治30） 荷物は赤帽におまかせ

■ 山陽鉄道でサービス開始、官設鉄道でも導入

サービス向上に熱心だった山陽鉄道は1896（明治29）年から主要駅に荷役夫を配置、駅構内の旅客手荷物運搬を開始した。翌年11月には官設鉄道も主要駅で営業許可を出し、「赤帽」として定着。大正期には駅待合室と外部を結ぶ「青帽」、昭和初期には女性が運用する「白帽」も登場。

1904 （明治37）
日露戦争

1904 （明治37） 「国電」のはじまり

■ 甲武鉄道　飯田町〜中野間で電車運転を開始

京都電気鉄道に始まった電車運転は、その後、名古屋、川崎、東京などに広まっていく。いずれも路面電車の形態だったが、8月21日、蒸気機関車で運転されていた甲武鉄道飯田町〜中野間を電化、電車運転が始まった。現在の中央線に続く路線で、これが「国電」の元祖となった。

1906（明治39）

一筋縄ではいかなかった

依リ左ニ掲クル私設鐵道株式會社所屬ノ鐵道ヲ買收スヘシ
一 北海道炭礦鐵道株式會社
内閣
一 北海道鐵道株式會社
一 日本鐵道株式會社
一 岩越鐵道株式會社
一 北越鐵道株式會社
一 甲武鐵道株式會社
一 總武鐵道株式會社
一 房總鐵道株式會社
一 七尾鐵道株式會社
一 關西鐵道株式會社
参宮鐵道株式會社

一 京都鐵道株式會社
一 西成鐵道株式會社
一 阪鶴鐵道株式會社
一 山陽鐵道株式會社
一 德島鐵道株式會社
一 九州鐵道株式會社
前項ニ掲ケタル各會社ハ他ノ私設鐵道株式會社ト合併シ又ハ他ノ私設鐵道株式會社ノ鐵道ヲ買收スルコトヲ得ス

内閣総理大臣西園寺公望は、自ら鉄道国有法案の説明草稿を作成し、帝国議会で国有化の理由を説いた。

ソンナ不当ナコトハナイ

第22回帝国議会衆議院。

ひとつの法案が賛成214反対0で可決した。その法案は日本鉄道など幹線系の私鉄を買収する「鉄道国有法」、1906（明治39）年3月27日のことである。

時の首相・西園寺公望は、鉄道の国有化によって「運輸の疎通」をはかり「設備の整斉」も行えば「運賃の低減」につながると法案の効力を唱えた。3月6日に衆議院に上程され長時間を割いて審議が行なわれ、17日に可決。その後貴族院で審議が続き、修正を加えて25日に可決した。2

鉄道国有法が成立し、1906（明治39）年10月から翌年10月にかけて主要17私鉄が買収された。国有化された鉄道は北海道から九州まで全長4,543キロにも上り、これにより官設鉄道の営業キロは一気に7,000キロを超えた。

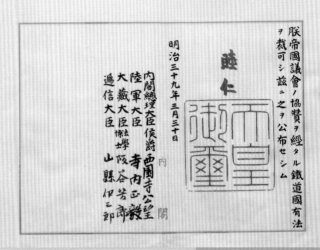

日後衆議院で、再び可否の審議が行なわれた。

こう書くと、法案設立は粛々と進められたかに思えるが、議会はつねに紛糾、最終決議も討論を省略して採決すべしという緊急動議が出された。急勾配というか、カーブの連続というのか、一筋縄でレールが敷かれたわけではなかった。

3月27日の議事録には〔「賛成々々」「ソンナ不当ナコトハナイ」…「討論必要ナシ」等ノ声交ミ起リ議論喧囂ヲ極ム〕のような注記が随所に入っている。結果的に反対議員はすべて退場したから、反対票が0となったのだ。この法案に反対し辞職した大臣

まで出たほどだ。

公布は3月31日。鉄道国有化事業が始まり、10月1日の甲武鉄道、北海道炭礦鉄道を皮切りに、1年間で17の私設鉄道が国有化された。

賛・否で揺れ、やがて軍部が

明治政府が鉄道創業当初からの国営方針を持っていたのは、前に触れた。だが、資金面の問題で私設鉄道を認めざるを得ず、日本の鉄道網は官と民、双方によってつくられていった。

私設鉄道育成のためには、さまざまな特権すら盛り込まれ、景気が順調な時期には、国内各地で鉄道会社

1906（明治39）年には日本の鉄道が官私合わせて5,000マイル（約8,046キロ）を達成。5月20日には記念式典も開催された。

国有化された私鉄17社路線

1906（明治39）年に成立した「鉄道国有法」で17もの私鉄が国有化され、国有鉄道に組み入れられた。

北海道炭礦鉄道
北海道鉄道
小樽
室蘭
函館
青森
岩越鉄道
北越鉄道
七尾鉄道
新潟
矢田新
喜多方
岩沼
日本鉄道
直江津
郡山
日光
宇都宮
前橋
水戸
高崎
小山
上野
千葉
京都鉄道
八王子
新生
阪鶴鉄道
山陽鉄道
福知山
和田山
京都
名古屋
品川
九州鉄道
岡山
姫路
大阪
津
大原
総武鉄道
下関
大嶺
厚狭
神戸
山田
房総鉄道
佐世保
門司
琴平
高松
甲武鉄道
佐賀
鳥栖
船戸
徳島
長崎
和歌山
八代
参宮鉄道
徳島鉄道
関西鉄道
西成鉄道

が生まれ、線路の建設も進められた。ところが景気が不況に転じると、自ら国有化に手を挙げる企業が出てくる。それほど鉄道事業とはむずかしいものなのだ。資金の欠乏にあえぐ私設鉄道を見て、財界も「買収の好機」だと政府に畳み掛けた。ただし、「それは一時的な利益追求に他ならない」と渋沢栄一らが批判して立ち消えた。実際、私設鉄道を育ててきた立場にあった三井・三菱などは、国有化に反対の声をあげた。「定

められた期限前に国有化するのは契約違反に等しい」というものもあったらしい。こうして鉄道国有化は、賛と否、両論のなかで揺れ動いてきたが、時代の様相は私設鉄道設立が盛んだったころとは異なっていた。

戦争である。

明治20年代から30年代、日清・日露のふたつの戦争を経て、軍部は軍事輸送における鉄道の果たす効用を実感した。全国的な大動員、両戦争とも軍部は朝鮮半島や大陸各地

（第三種郵便物認可）　鐵道時報　七年三月十二日

（5）第二百三十四號

直行列車と工エ旅客の注意

本月十四日より當分の内直行列車運轉時刻左の通り變更致候

下り
午前九時三十分新橋發
翌午前十一時三十分神戸着
午後七時〇六分新橋發
翌午後九時十四分神戸着
午後十一時三十分新橋發
翌午後九時十四分神戸着

上り
午前七時〇六分神戸發
翌午前九時十四分新橋着
午後九時十四分神戸發
翌午後九時十四分新橋着
午後七時〇六分神戸發
翌午後九時十四分新橋着

軍國多事の際右列車運轉時刻の變更と共に自然當局線内輸送力に不足を告ぐ爲めに貨客の御取扱を謝絶するの止むなき場合も可有之旨の食堂車寢臺車恭汽暖房機其他從來旅客各位の御便宜に供し居る諸般の施設も一時中止するの外已之に付右事情不悪御諒察被下度候

明治三十七年二月
鐵道作業局運輸部

日露戦争に伴う運転時刻の変更を知らせる広告。鉄道が軍事輸送に活躍し、国有化への機運が高まった。

日清戦争時に出征する兵士たちを見送る人々であふれ返る総武鉄道佐倉駅。

鉄道は軍事活動にも活用され、日清戦争後には専属部隊が設立された。

に兵力を送り込んだ。瀬戸内海をはじめとする各港までの輸送に鉄道が使われ、官設鉄道東海道線をはじめ、山陽鉄道・神戸〜広島間、日本鉄道・上野〜青森間など主要幹線を基軸として、接続する官設・私設鉄道はまさに軍事輸送に「総動員」されたのだ。

運行体制の整備と統合、国有化による統一運営……軍部が国政を動かしていく。当初、国有化に慎重だった渋沢栄一も、このころには大手私設鉄道の「モノポリー（独占）により生ずる弊害」を説くようになり、国有化案を支持する方にまわった。

さて、整理をどうしよう

国有化にともなって、各線にまたがる直通列車が次々と設定されていった。

たとえば、山陽鉄道が国有化されると、新橋〜下関間の直通急行列車が誕生した。大阪〜下関間で運転されていた山陽鉄道の「最大急行」を

新橋まで延長したもので、乗り継ぎ時代は35時間以上かかっていた所要時間は29時間と大幅な短縮となった。

だがいいことばかりではない。鉄道管理部門が国有化によって直面した課題は多大だった。

引き継いだ線路の距離は未開業区間を含めて約4,835キロ、車両は機関車、客車、貨車を合わせて25,069両。当初は各線とも所属車両の配置替えは行なわず、国有化前と大差なく運転されたが、管理上の整理を進めていかなければならない。

線名については1909（明治42）年に制定された「国有鉄道線路名称」に従って全国の幹線を系統ごとに整理していった。

「東海道線」は「東海道本線（新橋〜神戸間等）」「横須賀線（大船〜横須賀間）」「武豊線（大府〜武豊間）」などの区間が含まれている。これを北海道から九州までの全国の鉄道路線に対して定めた。

車両は官設鉄道ですでに整理分類を行なっていたが、追加された機関車だけでも1,118両におよび、既存機関車を含めると1908（明治41）年度で2,029両。形式として見ても190あまり、多種多様な機関車が「集まってしまった」のだ。

機関車は数字によって形式と車両番号が特定できるように、タンク式蒸気機関車を1〜4999、テンダー式蒸気機関車を5000〜9999、電気機関車を10000〜と「形式称号規程」を定めた。これに従って既存から買収・引き継ぎされた全機関車の車両番号を整理し直すのに3年ほどかかったようだ。

1908（明治41）年には本州と北海道を結ぶ青函連絡船も国営で運航されるようになった。写真は田村丸。

鉄道院告示第五十四號
國有鉄道線路名稱左ノ通定ム
明治四十二年十月十二日

名稱	區間
本線	
東海道線	
東海道本線	（新橋神戸間神奈川間程ヶ谷間及貨物支線）
横須賀線	（大船横須賀間）
武豊線	（大府武豊間）
大津線	（馬場大津間）
京都線	（京都園部間）
西成線	（大阪天保山間）
北陸線	
北陸本線	（米原魚津間及貨物支線）
七尾線	（津幡矢田新間）
中央東線	昌平橋篠ノ井間
中央西線	名古屋野尻間
阪鶴線	神崎新舞鶴海舞鶴間及貨物支
山陽線	
山陽本線	（神戸下関間及貨物支線）
播但線	（飾磨城崎間）
吳線	（海田市吳間）
宇品線	（広島宇品間）
大嶺線	（厚狭大嶺間）
山陰線	
山陰本線	（京都松江間）
境線	（米子境間）
関西本線	（名古屋木津奈良湊町間）
参宮線	（亀山山田間）

国有化で複雑になった路線を管理すべく線路名称を改革。幹線を基本に系統分けし、合理的な管理をめざした。

国有化と並行して新線建設も各地で進められた。1909（明治42）年鹿児島線人吉〜吉松間が開業し、門司〜鹿児島間が全通。写真は人吉駅での開業式。

1907（明治40）年に十勝線（現・根室本線）落合〜帯広間が開業。国有化された私鉄と合わせ、函館〜釧路間が鉄路で結ばれ、青函連絡船により道内各地と首都が一貫連絡するようになった。この延伸区間にある狩勝峠は、国鉄の三大車窓のひとつ。

1906（明治39）年〜1913（大正2）年の

1906（明治39）私鉄17会社を官鉄が一手に

■ 私設鉄道を国有化して一貫した運行をめざす

日清・日露戦争を契機に軍部から国防上鉄道統一が必要という意向が示され、民間からも景気対策として国による私鉄買収を求める声が上がり、3月31日に「鉄道国有法」公布。10月から翌年にかけて17の私鉄が国有化された。写真は山陽鉄道会社解散記念絵葉書。

1906（明治39）5,000マイルに到達

■ 記念絵はがきも発行、鉄道延伸を祝賀

明治38年度末、日本の鉄道は官私合わせて4,779マイル（7,691.1キロ）、さらに当時の日本が統治していた台湾の官設鉄道260マイル（418.4キロ）を合わせて5,000マイル（当時はマイルが基準表記）を超えた。鉄道関係者1,070余名が集まり愛知県会議堂などで祝賀会を開催。

1908（明治41）鉄道連絡船も国営へ

■ 青函航路に比羅夫丸・田村丸就航、国営開始

私設鉄道によって運航されていた鉄道連絡船も国による一貫運営へ。山陽鉄道の関門・宇高・宮島航路は同社鉄道とともに1906（明治39）年12月に国有化、青函航路は日本鉄道が進めていた連絡船（比羅夫丸・田村丸）建造を継承し、比羅夫丸就航の3月7日から国営による運航開始。

1909（明治42）九州南端と首都が結ばれた

■ 鹿児島線全通

門司〜鹿児島間を結ぶ鹿児島線は現在の肥薩線経由で建設された。11月21日、最後の人吉〜吉松間完成で鹿児島線が全通。これにより鹿児島は首都と鉄道で結ばれた。これを記念して同区間難工事の矢岳第一トンネルには逓信大臣・山縣伊三郎と鉄道院総裁・後藤新平の扁額が掲げられた。

出来事・トピックス

1909 (明治42) 山手線は環状ではなかった

■ 烏森〜品川〜新宿〜上野間などで電車運転

路面電車を除く鉄道の電車運行は私鉄の甲武鉄道で始まっていたが、これを引き継ぎ、電化区間を延伸。12月16日から山手線の一部となる烏森（現・新橋）〜品川〜新宿〜池袋〜上野間および池袋〜赤羽間で電車運転を開始した。当時は環状ではなく折り返し運転。写真はその後の延伸区間。

1911 (明治44) 利便性高まる市電

■ 東京の路面電車を公営化

東京の街中には東京馬車鉄道を前身とする東京電車鉄道、後続の東京市街鉄道、東京電気鉄道による路面電車が運行されていた。1906（明治39）年に3社が合併。東京鉄道となって利便性が高まったが、値上げも行なわれ社会問題に。8月1日から公営化されて東京市電、のちに東京都電となる。

1912 (明治45) 新橋〜下関間を25時間8分

■ 日本初の特別急行列車が運転開始

鉄道の「速達サービス」は開業後間もなく始まり、1875（明治8）年には新橋〜横浜間を川崎のみ停車という列車が登場。やがて快速、急行といった名称も使われるようになっていく。6月15日には新橋〜下関間に特別急行が設定された。日本初の特急で、のちに「富士」の列車愛称も付けられた。

> 1912 (大正元)
> 大正に改元

1913 (大正2) 鉄道で花の都パリまで

■ 新橋〜パリ・ロンドン間の乗車券も発売開始

6月10日から日本内地・朝鮮・中華民国・ロシア沿海州と欧州主要都市の旅客および手荷物の連絡運輸が始まり、ウラジオストック経由でパリなどに向かう乗車券も発売するようになった。前年3月には、外客誘致を目的とする「ジャパン・ツーリスト・ビューロー」（写真）も設立された。

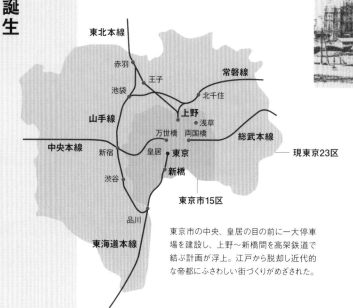

1914（大正3）

東京駅誕生

待ちに待った「中央停車場」

東北本線
赤羽
王子
池袋
常磐線
北千住
上野
山手線
浅草
万世橋　両国橋
総武本線
中央本線
新宿　皇居　東京
渋谷　　新橋
現東京23区
東京市15区
品川
東海道本線

東京市の中央、皇居の目の前に一大停車場を建設し、上野～新橋間を高架鉄道で結ぶ計画が浮上。江戸から脱却し近代的な帝都にふさわしい街づくりがめざされた。

なぜ起点は新橋と上野だったのか

　「中央停車場」——どこかノスタルジックな響きがある。

　そう、「中央停車場」として計画された東京駅は、1914（大正3）年12月20日に開業した。首都の玄関口としての設置、主要私鉄の国有化から8年後である。

　明治の鉄道創業のとき、横浜へ向かう鉄道の東京側起点は新橋に定められ、また北に向かう鉄道の起点は上野に定められた。

　不思議ではないだろうか？　なぜ、鉄道は新橋と上野から伸びていったのだろうか。

1908（明治41）年、3月基礎工事に着手し、1914（大正3）年12月に完成。
工事に要した人数は延べ75万人、工費は約280万円。

上野〜新橋間の連絡は馬車や路面電車で始まった。

会社や商館が立ち並ぶ丸の内に停車場が建設された。

　この2箇所を起点に定めた詳細は不明だが、現在の銀座から日本橋、そして神田あたりは江戸時代から街が形成されており、早急に鉄道用地を求めるのは困難と判断されたのではなかろうか。

　当時の新橋駅のエリアは、江戸時代初期に海浜を埋め立てられ大名屋敷が多く、幕末には龍野藩脇坂家、仙台藩伊達家、会津藩松平家の屋敷が並んでいたが、大政奉還で明治政府の管理下に置かれていて、用地取得もたやすいと考えられたかも知れない。さらに埋立地ゆえ、敷地は平坦で駅の設置にも向くと判断されたとも考えられる。

　上野駅の場所は寛永寺の境内で子院が連なっていた。幕末の戦乱で荒廃、こちらも明治維新後はその大半が政府の管理となっていた。

　こうして新橋、上野の両地点にターミナルが設けられたと想像でき、そこから国内各地へと鉄道網が建設されていった。

　さて「中央停車場」である。

　両駅に挟まれたエリアは東京の中心街で、早い時期から馬車鉄道、そして路面電車などによって公共交通が整備されていったが、都市機能を向上させ、延伸しつつある鉄道をより効率的に活用するためには、この間を結ぶ路線も必要と考えられていっ

たのは当然のことだ。

　明治時代、東京では早い時期から将来像を見据えた都市計画が構築され、その細部が詰められていくなかで、新橋〜上野間の鉄道建設も盛り込まれた。

　すでに路上交通網がしっかりと機能していることもあって、この鉄道はそれらと平面交差しない高架鉄道が考えられた。そしてふたつの駅の間には、首都の玄関口となる「中央停車場」設置も計画された。

　しかし、その後相次いで日清・日露戦争が勃発。深刻な財政難もあり、鉄道建設は事実上中断してしまう。

辰野金吾作、東京駅

　工事が再開するのは「鉄道国有法」が公布された直後の1906（明治39）年4月からとなった。新橋側から

高架鉄道の建設が始まり、2年後には「中央停車場」の本格的な基礎工事も始まった。

「中央停車場」の設計は当初、高架鉄道の技術者としてドイツから招聘されたフランツ・バルツアーに委ねられ、彼は日本の文化を尊重する和風デザインを提案したが、西欧文化を崇敬していた当時の人々には、逆に受け入れがたいものだった。

そこに新たな設計者として登場したのが、建築界の権威であった辰野金吾だった。

辰野は、日本銀行本店、大阪市中央公会堂（いずれも国指定の重要文化財）などの設計で知られる。直前に南海鉄道（現・南海電気鉄道）の浜寺公園駅舎（国指定・登録有形文化財）も手掛けていて、「中央停車場」には高い関心と意欲を持って

帝都の大玄関として開業した東京駅。ルネッサンス式建築、赤煉瓦づくりが目を引く。中央は皇室専用の乗降口があり、御休憩室も完備。右側のドームが入口で、ジャパン・ツーリスト・ビューロー案内所があった。写真は昭和初期と推定される東京駅前の様子。

いた。その提案は数回におよび、現在の東京駅丸の内駅舎となるデザインが構築されていく。

「中央停車場」に至る高架鉄道は、市内近郊循環線の2線、中・遠距離に向かう旅客列車線の2線からなる複々線。まず新橋側から市内近郊循環線の工事が進められ、1909（明治42）年12月16日に烏森駅が完成、翌年には有楽町駅まで伸び、さらに「中央停車場」完成までの仮駅となる呉服橋駅が完成した。

1914（大正3）年12月18日に「中央停車場」開業式挙行、2日後に本開業となった。駅名は直前の12月5日に「東京駅」と定められた。

荘厳なドームの下から旅が始まる

完成した東京駅は、丸の内の地に「ルネッサンス式の三階建、長さ百八十間、幅十一間乃至二十二間、建物の大と輪郭の牡と相俟って、荘厳雄大なる建築美」（大正4年の「鉄道旅行案内」鉄道院発行より）を見せていた。現在の高層ビルの谷間にあっても雄大な姿だ。当時はまさに目を

見張る存在だっただろう。

建築の指揮を執った鉄道院の金井彦三郎技師も「帝都殊に宮城門外に於て都府を飾る一大建築物たるを確信」と自負していたようだ。

当初は丸の内南口が入場専用となっていた。改札前でドームを見上げると、その荘厳さに圧倒され、大正の人々は、ここから始まる旅への期待を実感したに違いない。

改札口を抜けて通路を進んでいく。ホームは島式4本で、手前2本は電車乗降場、奥2本が汽車乗降場となっていた。

電車乗降場はその名の通り、市内近郊循環線の電車が発着するホームだ。

市内近郊循環線とは、山手線（当時は環状運転前）や京浜線（後の京浜東北線）のことで、電車運転に向けて当初から電化されていた。

汽車乗降場は中・長距離列車の発車するホームで、この時代はまだ蒸気機関車牽引による客車列車として運転されていた。

東京駅開業に合わせて鉄道の祖

新橋駅付近から東京駅へはレンガ積みの高架橋として建設され、現在も活用。選奨土木遺産にも選定。

有楽町側から見た東京駅。開業当初、山手線や京浜線は電車だったが、東海道本線は非電化だった。

東京駅本屋入口広間には、西洋風の意匠が施され、屋内も重厚感、気品にあふれ美しい。

上空から見た昭和初期の東京駅周辺。丸ノ内ビルヂングなどのビル群が立ち並ぶ。

東京駅を設計した工学博士辰野金吾。建築家としても活躍した。

となった新橋駅は貨物用の汐留駅に。そして高架鉄道工事中に設けられた烏森駅が新橋駅となった。西への起点となっていた新橋駅は、この時点で中間駅へと姿を変え、起点駅としての役目を終えた。

新橋駅始発から東京駅始発へと変わった列車は、東京～下関間の特別急行列車が1往復、下関や神戸に連絡する急行列車5往復（うち1往復は不定期）、そして東海道本線・横須賀線などの普通列車が下り41本、上り40本というものだった。

現在、JRだけで1日4,000本に近い列車が発着する東京駅は、こうしてスタートを切ったのだ。

1914(大正3)年～1929(昭和4)年の

1914 (大正3) 首都の玄関口「中央停車場」

■ 東京駅開業

明治20年代の東京都市整備で新橋と上野を結ぶ高架鉄道とその中間に中央停車場を設置する構想が立ち上がった。日露戦争などで中断したが、私設鉄道の国有化が決まったところで工事再開となり、まず新橋側から開通して東京駅まで完成。12月20日から東海道本線の起点として営業を開始。

1921 (大正10) 鉄道50周年を全国で祝う

■ 全国各地で記念式典、鉄道博物館や鉄道記念日も計画

10月14日、日本の鉄道は新橋～横浜間開業から50周年を迎えた。距離は1万820.9キロ（国鉄線1921年度末）と飛躍的に発展、祝賀式典が東京・名古屋・大阪・福岡・札幌で開催された（写真は東京）。記念事業として鉄道博物館建設を計画、翌年この日を「鉄道記念日」（現「鉄道の日」）と制定。

1923 (大正12)
関東大震災

1925 (大正14) 本格の月刊時刻表が登場

■ 1000号を超える最長寿時刻表『汽車時間表』創刊

日本旅行文化協會が『鐵道省運輸局編纂 汽車時間表 附汽舩自動車發著表』を創刊、4月号から月刊で発売されるようになった。のちに版元はジャパン・ツーリスト・ビューローと合併、東亜旅行社、日本交通公社、JTBなどと名前を変えながら刊行を続け、現在の『JTB時刻表』に続いている。

1925 (大正14) 手間と事故を減らすために

■ 全国一斉自動連結器化で安全性と利便性を改革

国鉄の連結器は開業以来リンク式を基本としていたが、連結作業が危険で、連結両数の制約も大きかった。北海道で当初より使用されていた自動連結器を採用、7月に機関車から客車・貨車に至るまで全国一斉に交換した（写真）。さらに前後して空気ブレーキも採用、安全性や利便性も改革。

出来事・トピックス

1925 (大正14) まあるい山手線に

■ 神田～上野間開業、山手線の環状化と京浜電車も延伸

11月1日、高架鉄道として建設されていた神田～上野間が複線にて完成。これにより山手線の電車は現在に続く環状運転を開始、東京～桜木町間を往復していた京浜線は上野まで延伸するようになった。このころから山手線の駅をターミナルとする私鉄の郊外電車が発展していく。写真は山手線。

1925 (大正14) 東海道本線国府津電化

■ 東海道本線の電気機関車運転開始

12月13日、東海道本線の東京～国府津間および横須賀線が電化され、電気機関車による運転が始まった。電化の背景には第一次大戦後の石炭の高騰があり、さらに送電技術の進歩もあった。この電化は試験的な意味合いも強く、電気機関車の大半は欧米諸国からサンプル的に輸入されていた。

> 1926 (昭和元)
> 昭和に改元

1927 (昭和2) 地下を鉄道が走った

■ 東京地下鉄道　浅草～上野間で運転開始

12月30日、東京地下鉄道の浅草～上野間が開業した。日本初の地下鉄で、当時は東洋初ともPRされた。世界でも初期の地下鉄。ここでは日本初の自動改札機も使用された。のちに新橋まで延伸、新橋～渋谷間の東京高速鉄道と1本化され、現在の東京メトロ銀座線となった。

1929 (昭和4) 特急「富士」「桜」登場

■ 列車愛称を一般公募で命名

当時の国鉄ではすべての列車を番号だけで管理していたが、寝台予約などに便利な列車愛称を付けることになり、東京～下関間特別急行列車の名称を一般から公募した。その結果、第1・2列車を「富士」、第3・4列車を「桜」と命名、9月15日のダイヤ改正を機に使用を開始した。

Part 2

1930（昭和5）年〜1963（昭和38）年

戦前の黄金時代から
太平洋戦争に突入。
再び息を吹き返すのは……。

昭和の時代が始まった。

大正時代からその発展を加速させてきた日本の鉄道は、

一時、煌びやかな黄金時代を迎える。

だが一方で、1937（昭和12）年からの日中戦争は長期化していた。

欧州ではドイツがポーランドに侵攻し、

1939（昭和14）年、ついに第二次世界大戦が勃発する。

日本にも迫り来る危機。「国家総力戦」という号令の下で

鉄道に求められたのは、国内物流の強化だった。

太平洋戦争は1941（昭和16）年に始まり、終戦まで約3年9か月を要した。

GHQの占領下、日本は回復をめざし、独立をめざしていった。

「もはや戦後ではない」と経済白書に書かれたのは、それから11年後。

日本は未曾有の高度経済成長時代に突入していく。

戦前の鉄道黄金時代
丹那トンネルの先にある光

丹那トンネル開通時の時刻表。熱海経由の時刻表や地図が掲載され、鉄道ニュースにも丹那トンネル開通が報じられている。

昭和初期に使われた特急「燕」の特別急行列車券。

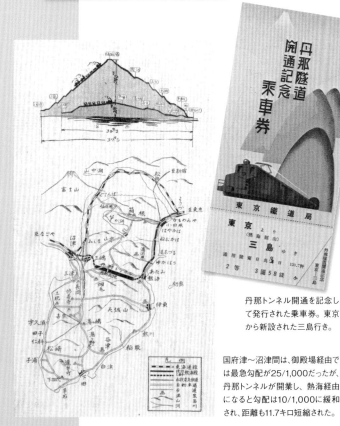

丹那トンネル開通を記念して発行された乗車券。東京から新設された三島行き。

国府津〜沼津間は、御殿場経由では最急勾配が25/1,000だったが、丹那トンネルが開業し、熱海経由になると勾配は10/1,000に緩和され、距離も11.7キロ短縮された。

1934年12月1日東京駅8番線

　1934（昭和9）年12月1日午前9時ちょうど、東京駅第4プラットホームから神戸行きの第11列車こと特別急行「燕」が定刻通りに出発した。きっといまの時代ならカメラをぶら下げたファンたちで溢れかえっていただろう。電気機関車が初めて「燕」を牽引するのだから。

　5年前の1930（昭和5）年に誕生したこの特別急行は、このときには横浜・沼津・静岡・名古屋・大垣・京都・大阪・三ノ宮のみに停車する当時の最速列車だ。前日までは蒸気機関車C51形の牽引となっていたが、この日は新鋭電気機関車EF53形が先頭に立っていた。

　新たに起用されたEF53形は、国産初の大型電気機関車として1928（昭和3）年に完成したEF52形を元に高速性能を向上させた改良型である。

　「燕」は東京駅を出発後、横浜駅に停車して西進していくが、この日は国府津から先のルートが前日と異なっていた。小田原、熱海と海沿いを直進していくのだ。

御殿場経由を回避したい理由

　鉄道に携わる者の夢のひとつは「目的地までの時間短縮」である。

丹那トンネル開通によって特急「燕」の東京〜大阪間所要時間は8時間ちょうどとなり、20分間の短縮を果たした。

東海道本線は、熱海を経由すれば、西へもっと早く進められるのはわかっていた。だが、そのためには伊豆半島の脊梁部を貫かねばならず、ここには大掛かりなトンネルの掘削が必要だった。開通時は当時の土木技術を鑑み、致し方なく御殿場経由となった。

ところがこの御殿場ルートには25‰（1,000メートルで25メートルの高低差が付く勾配）という急勾配が連続し、これが運行上のネックとなっていた。鉄道にとって勾配は機関車牽引重量および走行速度の妨げとなるのである。東海道本線全通後の輸送需要増加と線路の改良。時代は鉄道にさらなる所要時間短縮を求めた。速度を上げられなければ、時間

丹那トンネルは電化されていたため、蒸気機関車のようにトンネル内で煤煙に苦しむ心配もなかった。

短縮はなされない。

　さまざまな案が検討されていくなかで、

「やはりトンネルだな。丹那トンネルだ」

　この言葉は誰からともなく自然に発せられたに違いない。

　熱海〜函南間を丹那トンネルで結ぶルートが決定された。この決断は間違いなく歴史的快挙のひとつで、しかもこの時代を象徴する出来事なのである。

　丹那トンネルの工事は、着工から実に16年を要した。

　熱海〜函南間が着工したのは、1918（大正7）年。国府津〜熱海間は熱海線として大正時代に完成して運行も始まっていたが、丹那トンネ

特急「燕」を牽引したEF53形は、東海道本線旅客向けにEF52形を改良してつくられた当時最新鋭の電気機関車。箱型車体デッキ付きで、この時代の電気機関車を象徴するスタイルだった。1932（昭和7）年から製造が始まり、1934年までに19両が出揃っていた。

1918（大正7）年、導坑掘削に着手した丹那トンネル東口（熱海口）。完成までおよそ16年もの長い歳月と、当時の価値で2,673万円もの工費を要する大工事であった。

ルを挟む熱海〜沼津間は1934（昭和9）年11月末にやっと竣工したのだ。

　丹那トンネル工事は当初予定されていた工期が大幅に延長されることを余儀なくされた。大量の出水、柔らかで掘りにくい地層など普通に掘進するだけでも難工事だったことに加え、1930（昭和5）年、工事最中に最大震度6以上の北伊豆地震が発生するなど、苦難の連続だった。

　16年におよぶ戦いの集大成として完成した全長7,804メートルの複線トンネルによって、ついに東海道本線は熱海線を組み入れる形で国府津〜沼津間の新線ルートとなり、御殿場経由の旧線は御殿場線として分離

されることになった。

　もう御殿場経由である必要はなくなった。25‰の急勾配をついに回避できたのである。

全長7.8キロがもたらした光

　東京駅を出発してから1時間半ほど過ぎたころ、EF53形に牽かれた特急「燕」は熱海駅を通過して丹那トンネルへと入る。

　全長7,804メートルの複線トンネル。ゴウゴウと窓ガラスを揺らす長大トンネル通過に当時の乗客は新しい時代をどう感じたのだろう。

　10両編成の最速特別急行列車が吸い込まれるように丹那トンネルに

掘削機などの機械も導入されたが、崩壊や湧水、北伊豆地震の発生などにより事故が起こり、工事はひと筋縄では行かなかった。東口坑門の上には殉職碑が建てられ、犠牲となった67名の名前を印刻し、慰霊している。

入った瞬間、驚きおののく人、自然と笑顔になる人、いつまでも終わらないかのような長いトンネルに不安を感じた人など、おそらく乗客たちの反応はさまざまだっただろう。

この時代、東海道本線の電化は沼津まで。丹那トンネル開業のダイヤ改正に合わせ、「燕」は沼津駅にも停車するように変更され、10時56分に到着。ここで機関車をEF53形からC53形蒸気機関車に交換する。

そして11時ちょうど、C53形はダダダッダダダッという独特な三気筒のリズミカルな排気音を立てながら、神戸駅をめざして出発していった。

第一次大戦の影響を受け、日本経済は著しく発展し、国内の動きも活発化した。それを支える鉄道の関わりも大きくなり、輸送量は大正から昭和初期にかけて旅客で約5倍、貨物で約2倍に増加した。

国鉄は輸送力強化に取り組み、旅客は速度向上とともに運転回数の増加、貨物では速度より輸送力の拡充に重点を置いて整備していった。

特急「燕」はこうした施策の象徴的な存在、そしてその特急「燕」がくぐり抜ける丹那トンネルは、戦前の鉄道黄金時代の象徴といってもいい存在なのである。

東海道本線は1925（大正14）年に国府津まで電化され、大半の列車はここまで電気機関車によって運転されるようになった（右）。しかし、特急「燕」は国府津駅での機関車交換にかける時間を惜しみ、東京駅から蒸気機関車牽引として時間短縮をはかった。当時、東京〜沼津間を担当したのはC51形だった（上）。

1930(昭和5)年～1940(昭和15)年の

1930 (昭和5)「時刻表」もマイルからキロに

■ メートル法の採用

日本では1921(大正10)年に尺貫法を廃止、メートル法が基本となった。同年制定の「国有鉄道建設規程」でも採用された(軍以外の大組織では初)が、営業上の活用は1930(昭和5)年4月1日から。このとき、マイル(哩程)計算だった運賃もキロ(粁程)計算に改められ、『時刻表』の表記も一新された。

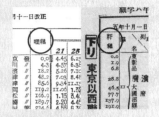

1930 (昭和5) 東京～大阪間が8時間

■ 超特急「燕」誕生

10月1日に実施されたダイヤ改正は全国的に運転速度の向上がはかられた。その象徴となったのが東京～神戸間を結ぶ超特急「燕」だった。途中は横浜・名古屋・京都・大阪・三ノ宮のみに停車、東京～神戸間を9時間ちょうどで結んだ。その運転には走行中の補機解放など数々の工夫が凝らされた。

1931 (昭和6) 電気機関車で急勾配もらくらく

■ 中央本線甲府電化

幹線電化は蒸気機関車に使う石炭の高騰対処でもあったが、急勾配区間の運転効率化も狙いだった。東海道本線国府津電化で得た知見を活用、中央本線を甲府まで電化、4月1日から電気機関車運転を開始した。途中には小仏・笹子といった長大トンネルもあり運転負担が大きく改善。写真は甲府。

1931 (昭和6) 日本最長「清水トンネル」開通

■ 上越国境を抜け、新潟へ新ルート完成

9月1日、当時日本最長の清水トンネル完成により水上～越後湯沢間が開通し、上越線が全通。これにより信越本線または磐越西線経由で結ばれていた上野～新潟間の運行が大きく改善された。なお、清水トンネルを挟んだ水上～石打間は最初から電化され、電気機関車による運転が実施されている。

出来事・トピックス

1934 （昭和9）「新快速」のルーツ

1931 （昭和6）
満州事変

■ 私鉄王国・京阪神で「急行電車」で対抗

7月20日、東海道・山陽本線の吹田～須磨間の電化が完成、電車運転が始まった。さらに3年後の10月10日には電化区間が京都まで延伸。京阪神では明治末から私鉄による電車運転が始まっていた。これに対抗して電車区間で「急行電車」を運転し、これが現在の「新快速」に続いていると言える。

1934 （昭和9）"箱根越え"を大改良

■ 丹那トンネル開通

全通当初の東海道本線は国府津～沼津間を御殿場経由で運行していた。12月1日に丹那トンネルが完成、東海道本線は熱海経由の現行ルートに切り替えられた。これにより所要時間は「燕」で20分短縮となった。同時に山陽本線や長崎本線でも改良ルートが完成、全国的なダイヤ改正が実施された。

1935 （昭和10） 全国県庁所在地が鉄道で結ばれた

■ 土讃線の誕生

四国の鉄道網整備は遅く、県庁所在地相互の鉄道も昭和に入ってから。1927（昭和2）年に高松～松山、1935（昭和10）年に高松～徳島が結ばれた。11月28日には高知に続く鉄道もつながり、これにより日本全国の県庁所在地に鉄道が通じた。このとき、土讃線の線名も設定。

1937 （昭和12）
日中戦争

1938 （昭和13） 戦時体制に向けた交通体系づくり

■ 陸上交通事業調整法公布

日中戦争勃発後、戦時体制に向けた交通統制として4月2日に「陸上交通事業調整法」が公布された。ここでは路面交通の公営化、防空上も長所の多い地下鉄の一元化、それ以外の交通の一元化として統合を進めるもの。これは東京・大阪などで実施、東京では営団地下鉄などが誕生した。

1941（昭和16）

「デゴイチ」は量産したけれど

昭和初期、国鉄蒸気機関車の近代化をめざした標準機の開発が行なわれ、その第1号として誕生したのが、のちに「デゴイチ」として親しまれるD51形だった。性能に優れ、幹線では貨物用、勾配線では旅客・貨物両用として広く活躍した。

とにかく輸送量強化だ！

　戦前の鉄道黄金時代は長くは続かなかった。

　1937（昭和12）年に始まった日中戦争後、日本と英米仏の関係は急速に悪化する。資源に乏しい日本に対して輸出制限をするなど締め上げが

図られ、数度にわたる日米交渉もうまくは運ばなかった。

国家総力戦──忍び寄るかつてない規模の戦争遂行のためには、鉄鋼、石炭、軽金属、船舶、航空機などの生産拡充が必要だった。それにともなって国内物流の強化が求められ、鉄道はその重責を担っていく。

とにかく輸送力強化だ。

　手っ取り早いのは1列車あたりの輸送量を増やすこと。強力な機関車と貨車の増備。1938（昭和13）年度から1941（昭和16）年度にかけて鉄道に向けた政府予算の実に55％が車両新造に充てられたほどである。

関門トンネル完成の背景には

　SLブームの時代に「デゴイチ」の愛称で広く一般にも知られたD51形蒸気機関車も、貨物用あるいは勾配路線向けの強力機として開発され、1936（昭和11）年から製造が始まっていた。

　この「デゴイチ」を量産している最中、1941（昭和16）年12月1日の御前会議で日米交渉の打ち切りと日米開戦を決定した。そしてついに12月8日、日本海軍機動部隊によるハワイ真珠湾への急襲で太平洋戦争が勃発した。

　「デゴイチ」は当初民間工場が製造していたが、保守作業中心だった国鉄工場でも製造する体制がとられた。物資不足を補う戦時型への設計変更もなされ、1945（昭和20）年までに内地向けだけで1,115両製造された。1形式の機関車としては蒸気、電気、ディーゼルすべてにおいて最多両数で、この記録は今後もトップの座を譲ることはないだろう。

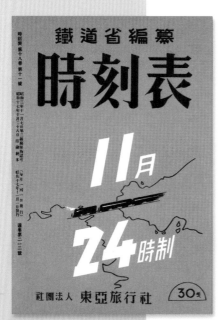

日本の鉄道は午前午後の12時制で始まったが、1942（昭和17）年10月11日から24時制に切り替えられ、『時刻表』表記も同年11月号から変更。

太平洋戦争の最中に開通した関門トンネル。世界初の海底トンネルで、これにより本州と九州が鉄路で結ばれた。

戦争は鉄道にも大きな影を落とした。戦況が悪化するにつれて、切符の紙質も粗悪になっていき、私鉄ではボール紙のようなものまで出てきた。写真は戦時中の井笠鉄道の乗車券。

貨車は1940（昭和15）年以降、5年間で3万両以上新製され、1944（昭和19）年度末には国鉄全体で12万両を越えていた。新造のみならず、貨車1両あたりの積載量を増やす改造も多く行なわれた。

列車本数を増やすことも輸送力強化のひとつの手段だった。だが、単線の複線化や複々線化、列車速度を上げるなど、その設備改善には莫大な資金と長い時間がかかる。実際、いくつかの路線で着手されたが、終戦までに完了した事例は多くない。

そのなかで完成したひとつが、本州と九州を結ぶ関門トンネルだった。

構想は明治期よりあったが、戦局拡大に向けた輸送力増強には「必須」とされ、1942（昭和17）年4月に下り線の軌道敷設までこぎつけた。すぐに試運転が行なわれ、6月から下り線を使った貨物列車の運行がスタートした。旅客列車の運転は11月からで、東京〜下関間の特別急行「富士」は長崎まで直通、23時間30分

で結ぶようになった。

上り線の工事も継続され、2年後には複線での運転が行なわれるようになった。

時刻表にさえ「旅行防空心得」

車両の増備と施設の増強。だが、酷使された車両や施設の老朽化、石炭などの燃料不足、職員も召集され、熟練労力の不足による未熟化など、戦局が進むにつれ、さまざまな障害が出てきた。

戦時中、貨物輸送を確保するために、数回にわたってダイヤが改正されたが、1943（昭和18）年10月1日のダイヤ改正は、優等列車の削減、速度低下増発など旅客列車にも大きく手を付けた。

すでに特別急行から第1種急行と改められていた「富士」は博多打ち切り、同じく第1種急行の「燕」は廃止。翌年には1等車・寝台車・食堂車を全廃、「富士」も廃止され、次々と優等列車が消えていく。元・普通急行

だった第2種急行は、東京～門司間・東京～鹿児島間各1往復、東京～大阪間・東京～下関間各2往復、上野～青森間・函館～稚内桟橋間各1往復の8往復。これが当時の優等列車のすべてとなってしまった。

『時刻表』はどうだったのだろう？こんな時代でも現在の『JTB時刻表』に続く東亜交通公社の『時刻表』は製本された冊子スタイルで毎月発行されていた。だが、裏表紙は「旅行防空心得」に割かれ、読み物として、空襲時の運行、旅客の行動、灯火管制、車内の待避方法などが紹介され、

さらに「防空服装で食糧非常用品携行」と大きく記されていた。

昭和20年代に入ると冊子スタイルの『時刻表』発行は困難となり、終戦前の最後の時刻表とされる昭和20年7月1日発売のものは、B3サイズの紙をやや大きくした550ミリ×383ミリの両面に印刷、これを手札サイズに折りたたんだものだった。

それでも汽車が動いている

次第に日本本土への空襲が苛烈になり、施設や車両への損害は甚大になっていく。1945（昭和20）年3月

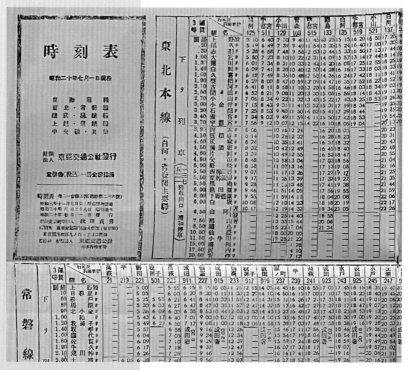

『時刻表』1945（昭和20）年7月号。戦況の悪化からとうとう冊子の形態を維持できなくなってしまった。

鐵道は勝つための武器　不急の旅行で戦力減らすな

一年に

内地の家庭の数をかりに千五百万とし各家庭で一年間に一人が一度旅行を献納したとすると

旅客列車約二万五千本が走らずにすむことになり

この代りに貨物列車を走らせて

石炭を運べば　約千二百万トン

木材を運べば　約五千万石　首トンの木造船三万隻分

米を運べば　約二億俵（八千万石）

輸送力確保のため"不急の旅行"を控えるよう呼びかける雑誌記事。輸送力はまさしく戦力だったのだ。

には、ついに東京〜下関間1往復を除き、急行列車が全廃されてしまった。

　東海道本線で見ると小田原〜名古屋間、沼津〜大阪間など区間運転の列車もある。米軍の本土攻撃に備えて地域ごとに寸断されたダイヤ体系にしていたとも言われている。

　唯一残っていた急行は東京8時30分発、大阪には19時19分着、下関には翌朝の9時ちょうど着となっていた。上りは下関20時00分発、大阪翌朝9時30分発、東京20時21分着。最盛期は東京〜下関間を20時間以内で結んでいたが、いずれも24時間と20〜30分ほどかかっている。

　それでも走っているだけで「奇跡のような状況」となっていたのだ。

　そして1945（昭和20）年8月15日、

太平洋戦争は幕を閉じた。国鉄の施設は空襲被害にあって極度に荒廃、車両は酷使と補修用資材や労力の逼迫によって、基本的な運行も困難な麻痺状態となっていた。

　しかし、その中でもできる限りの運行が行なわれ、「汽車が動いている」という事実が多くの国民を力づけたという。

空襲で焼け落ちた終戦直後の東京駅。鉄道は大きな被害を受けながらも戦後の物資や人員輸送に奔走した。

1941(昭和16)年～1948(昭和23)年の

1941 (昭和16)「弾丸列車」計画

■ 東海道・山陽本線の輸送力増強対策として着工へ

逼迫していた東海道・山陽本線の輸送力増強として東京～
下関間に広軌別線の建設が計画された。「弾丸列車」とも称
され、測量も実施、1940(昭和15)年の帝国議会で予算が成
立する。8月には新丹那・日本坂・新東山トンネルから工事に
入るも、その後の戦局悪化によって弾丸列車は頓挫。

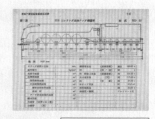

**1941 (昭和16)
太平洋戦争**

1942 (昭和17) 世界初の海底トンネル

■ 本州と九州の鉄道が鉄路で結ばれた

11月15日、本州と九州を隔てる関門海峡下に開通した関門ト
ンネルで、旅客列車の直通運転が始まった。工事は同年6月
に完成、貨物列車は6月11日から先行運転されている。当初
は単線で2年後に複線化されている。これにより関門航路の
船舶は宇高航路に転属、その輸送力増強にも寄与した。

1942 (昭和17) 12時制から24時制に

■ 24時制初のダイヤ改正

関門トンネル開通と戦時陸運非常体制の実施を受け、11月
15日に大規模なダイヤ改正を実施。下関止まりだった特急
「富士」は長崎まで延長、貨物列車も九州炭の陸送や軍需輸
送で大幅に増加した。この大ダイヤ改正に先立つ10月11日、
日本の鉄道は12時制から24時制に切り替わった。

1944 (昭和19) 決戦に向けたダイヤ改正

■ 特急は全廃、1等車・寝台車・食堂車も連結廃止

この時期は戦時状況に対応して頻繁にダイヤ改正が実施さ
れているが、4月1日には決戦非常措置要綱に基づき、すべて
の旅客列車で1等車・寝台車・食堂車の連結をやめ、この時
点で唯一残っていた特急の「富士」も廃止された。また、急行
も削減。一方、貨物列車は増発で輸送力を強化。

出来事・トピックス

1945 (昭和20) 鉄道もGHQの下に

1945 (昭和20)
太平洋戦争終戦

■ 優等車両を徴用、連合軍専用列車も運転

敗戦により国鉄をはじめ国内の鉄道はすべて連合軍の管理
下に置かれ、総司令部（GHQ）の指示に従う体制となった。
ここでは復興とともに連合軍専用列車の運行なども行われて
いる。連合軍の旅客や貨物を扱う駅には鉄道輸送事務局
（RTO）が置かれ、現場での直接的な業務も行なった。

1947 (昭和22) 石炭事情の悪化を打開

■ 上越線電化

SLによる鉄道運行に欠かせない石炭は戦時中から高騰、入
手も困難になっていた。その打開策として電化による動力転
換を試みたが、GHQが反対。ようやく上越線の電化から許
可され、4月1日に高崎〜水上間、続いて10月1日に石打〜長
岡間の電化が完成、上越線の全線電化が実現した。

1948 (昭和23) 復興を後押し。全国ダイヤ改正

■ 石炭不足と炭質低下。運転速度を調整

戦後、復員・疎開復帰・食糧買い出しなどで旅客需要が激増。
国鉄は1942（昭和17）年11月改正時をめざして復旧していく。
しかし石炭不足と炭質低下で当時の速力を維持することは
困難だった。そこで7月1日に約10％の速度低下を実施しつ
つ効果的運用をはかりダイヤ改正。

1948 (昭和23) 激増する旅客需要に応えて

■ 旅客輸送の増強のため貨物機から旅客機に改造

戦時輸送は貨物を中心に強化されたため、戦後は旅客輸送
の増強が必要となった。GHQは新型機開発に難色を示した
が、余剰貨物機の改造ということで許可が出る。こうしてD51
からC61、そしてD52からC62などがつくられた。C62は最
高速度100km/h運転、日本最大の旅客用SLとなった。

1949（昭和24）

公共企業体「日本国有鉄道」

……そして特急が復活した

時刻表 第二二巻 第三號

昭和三年十一月七日第三種郵便物認可
昭和二十年八月二十八日印刷納本

（毎月一回一日發行）
昭和二十年九月一日發行

通巻第二三八號

1號 財團法人
日本交通公社

賣價（稅込）1円

特急「へいわ」誕生時、
東海道本線は浜松まで
電化、以西は蒸気機関
車による牽引となった。

終戦直後に発行され
た『時刻表』。戦時中
は紙1枚を手のひらサ
イズに折り畳んだ形
状だったが、ようやく冊
子型として復活した。

56

その愛称は「へいわ」

　東京〜大阪間を結ぶ、第11・12列車「へいわ」——特別急行列車が6年ぶりに復活した。1949（昭和24）年9月15日のことである。

　「日本国有鉄道（ここからは「国鉄」とも記述する）」が発足したのは、約3か月前の6月1日で、明治の鉄道黎明期からここまでの国有鉄道とは異なり、今回は連合国軍総司令部（GHQ）の指導の下に制定された新組織だ。国有鉄道の「復興5か年計画」を進めるなかで、運輸省鉄道総局から改組する形で、公共企業体として生まれ変わった。

「へいわ」として復活した特急は1950（昭和25）年1月1日から「つばめ」に改称された。列車の最後尾に連結された展望車には新たにデザインされたトレインマークが掲げられた。

国鉄の戦後復興を象徴する特急「へいわ」と特急「はと」の展望車。ともにトレインマークは、はとがモチーフ。

東海道・山陽本線の非電化区間で特急の先頭に立ったのは日本最大の旅客用C62形。戦後、D52形の改造で誕生。

GHQの管理下にあった時代、米軍利用者向けに英語表記も実施された。写真は1949（昭和24）年の山手線。

横須賀線電車に復活した2等車。復興に向け、車両や線路、駅等の整備やサービスの向上が進められた。

組織変革後も、老朽施設や車両の更新、さらに輸送力増強や輸送方式の近代化が進められた。その成果のひとつがこのダイヤ改正だった。

わずか1往復ではあるものの、特急「へいわ」の復活運転──それにはさまざまな難関があった。

GHQで鉄道を管理していた民間運輸局（CTS）から列車の編成など細部にわたって指導が出されたばかりでなく、利用者となる国民からも反対論が出ていた。巷では、窓ガラスが割れたままで板張り、座席も満足な状態でない車両なども使われていて、そうした整備を後回しにして、「特急運転とは何事だ！」と批判された。まずは「日常からだろう」という声はもっともだった。

だが、復興に向けた作業のなか、この年の5月には東海道本線の浜松までは電化が完了していたし、悪化していた石炭事情も好転してきた。このダイヤ改正はこうした復興状況を活かして、列車を増発し、さらに運転速度の回復も狙うというものだった。その象徴的存在が特急復活だったのだ。

戦後を象徴する列車名の特急「へいわ」は、批判もあるスタートを切ったが、初日から上々の乗車率を示し、以後も順調に推移していく。東京〜大阪間を9時間で結ぶ10両編成の列車最後尾に連結された展望車は国鉄特急の象徴でもあった。往復運転の中でつねに列車の最後尾に来るよう、終点に到着すると列車ごと方向を転換するという作業も行われていた。

「乗せてやる」から「乗ってもらう」へ

「へいわ」のネーミングは当時の加賀山之雄国鉄副総裁の発案だったが、その後、PRも込めて列車愛称を一般から公募することになった。15万8,600通もの開票結果は戦前に馴染みのあった「つばめ」が1,501通でトップ、さらに「はと」「天竜」などと続いた。これを受けて、1950（昭和25）

国鉄はGHQの管理下に置かれ、主要駅などに鉄道司令部RTOが設置された。米軍の輸送が最優先とされ、専用車が用意された。RTOによる管理は1952（昭和27）年の講和条約発効まで続いた。写真は、左から米軍専用列車、東京駅貴賓室に設置されたRTO事務室、米軍専用列車のトレインマーク、進駐軍を示す(進)記号入り連合国軍用乗車券。

岡山駅ホームで特産の桃をPR・販売する売り子たち。昭和20年代後半になると鉄道に次第に活気が戻ってきた。

年1月1日から「へいわ」を「つばめ」に、さらに5月11日からは姉妹列車として「はと」も増発運転するようになった。

「旅行を楽しくする運動」も展開した。駅から車内に至るまで清掃用具を確保して清潔を保ち、雨漏りなども修復。車両は窓ガラスを整備、板張りの座席もなくした。こうした基本的サービスを向上させたうえで、職員の意識も「乗せてやる」から「乗ってもらう」とあらためられ、接客態度を改善していった。乗客にも利用時のエチケットを徹底していくことも忘れなかった。こうした意識の変革は、最終的には乗客誘致運動へとつながっていく。まさに新生・日本国有鉄道の姿だった。

象徴的なサービスとして紹介できるのは、「つばめ」「はと」の女性アテンダント乗務かもしれない。飛行機に乗務している女性アテンダントにヒントを得たGHQ管理の民間運輸局（CTS）の発案だったという。

申し出を受けた国鉄は、新たに女性職員を募集し、制服などの準備も進めていく。デザインはパン・アメリカン航空の客室乗務員に範をとって、夏服・冬服・合服と3種、さらにGI帽の制帽が用意された。帽子と胸には「つばめ」「はと」のシンボルも掲げ、やがて「つばめガール」「はとガール」と呼ばれるようになった。

美談「線路の友情」

乗務体制も面白い。車内乗務員は計8名。運転上の業務を担当する専務車掌1名、1等展望車の接客は

ヘッドボーイ1名、2等車を男性ボーイ1名と女性アテンダント4名が担当し、残りの男性ボーイ1名は3等車を接客した。ほかに食堂車のスタッフもいた。彼らは英語教育も受け、まさに日本を代表し、国際列車に匹敵するようなサービス体制を組んでいたのだ。

ある女性アテンダントの談話で「東京駅と大阪駅のホームではそれぞれ花屋が待機。列車がホームに据え付けられると展望室や各車両の洗面台に生花を活けてまわっていた」という話もある。往復で同じ花を使うようなことはなく、その都度活け替えられていたのだ。

「つばめ」「はと」の2往復運転となったのちの1950（昭和25）年10月の時刻表を開くと、「つばめ」が東京・大阪とも9時ちょうど発、「はと」は同じく12時30分発となっていて、利用しやすい体制が見て取れる。さらにこのダイヤ改正から所要時間は1時間短縮され8時間となった。

上りの「はと」は大阪を出た後、京都までノンストップで走り、13時05分着。その途中、豊臣秀吉と明智光秀の戦いで有名な山崎を通過する。

当時、この地に結核療養所があった。その入所者にとって13時ごろに通過する「はと」の姿は希望へとつながった。やがて「はとガール」たちは療養所が見えると手を振るようになり、その交流が深まっていく。これは「線路の友情」として小学校の国語教科書『わたしたちの国語』『小学校国語』でも扱われる美談となった。

東海道を駆け抜ける国鉄の特急の姿は、まさに戦後復興の「希望」に映っただろう。

特急「つばめ」「はと」には、「つばめガール」「はとガール」と呼ばれた女性アテンダントが乗車し、車内でのさまざまなサービスにあたった。

昭和20年代後半になると徐々に日本各地への旅に誘うようなポスターやキャンペーンが展開されるようになった。

1949 （昭和24） JNR誕生

■ 公共企業体・日本国有鉄道の設立

日本の鉄道は官設鉄道として発足、国が直接その運営にあたってきたが、6月1日から新たに公共企業体「日本国有鉄道」を設置して運営を引き継いだ。GHQによる変革のひとつで、同時期に日本専売公社、日本電信電話公社もつくられ、それぞれが独立採算制で運営する体制となった。写真は国鉄旗。

1949 （昭和24） 特急復活、復興の兆し

■ 東京～大阪間で特急「へいわ」運転開始

戦後復興が進み、旅客の需要は緊急のものから平常のものへと変わりつつあった。それを受けて9月15日に輸送見直しのダイヤ改正を実施、東京～大阪間では戦後初の特急「へいわ」が復活した。食堂車も連結され東京～大阪間を9時間で結んだ。翌年1月1日には「つばめ」と改称。

1950 （昭和25） 長距離電車の幕開け

■ 東京～沼津間で80系湘南電車運転開始

国鉄は動力近代化のために幹線電化も進めていった。並行して電車による長距離列車運転もめざして80系電車を開発する。オレンジとグリーンのツートンカラーで誕生、3月1日から東京～沼津間で運転を開始。走行区間から「湘南電車」と呼ばれたが、電化延伸で活躍の場を拡大していく。

1950 （昭和25） 特急好調、増発へ

■ 東海道本線の特急「つばめ」「はと」運転開始

「へいわ」を改称した特急「つばめ」の利用は順調で、5月11日には増発される。この列車は「はと」と命名され、両列車の2往復体制で東京～大阪間を結ぶことになった。10月にはスピードアップし、戦前と同じく8時間運転になった。また、翌年からは多客時に臨時特急「さくら」も登場。

出来事・トピックス

1951 (昭和26) 安全性能はまだまだ……

■ 桜木町での電車火災発生を機に車両の改良が進む

4月24日、京浜東北線の電車が桜木町駅構内で垂れ下がった架線とパンタグラフが絡まって立ち往生、火災が発生した。この電車は戦時設計で窓が全開せず、非常用ドアコックもなかった。その結果、死者106名、負傷者92名という大惨事に。これを機に車両構造の見直しと改善が進められた。

1952 (昭和27) GHQ体制の解除

■ 平和条約発効でRTO廃止、専用白帯車も返還

4月28日、前年に調印されたサンフランシスコ条約(日本国との平和条約)が発効、日本の主権が回復してGHQによる鉄道管理も終了となった。全国に設置されていたRTOは一足早く4月1日に廃止され、進駐軍専用として徴発されていた白帯車も返還。白帯を消して一般に使える優等車などに復帰した。

1954 (昭和29) 青函トンネル建設へ

■ 重大海難事故発生

この年の台風15号は各地で被害を出したが、9月26日には青函航路の洞爺丸(写真)をはじめ第11青函丸・日高丸・北見丸・十勝丸の5隻が沈没。洞爺丸だけで千人を超える死者を数える日本最大の海難事故で、青函トンネル建設が具体化に向かって進む。翌年には宇高航路でも海難事故が発生した。

1955 (昭和30) 観光が楽しめる時代に

■ 国鉄が周遊券割引制度を制定

観光地を旅する乗客の利便性をはかる周遊券割引制度がつくられ、2月1日から「普通周遊乗車券」の発売が始まった。翌年には周遊地域を定めたレディーメイドの「均一周遊乗車券」も。のちに「ワイド周遊券」「ミニ周遊券」なども登場。JR発足時は「周遊きっぷ」として引き継がれた。

東海道本線全線電化

昼夜の特急よ、時代と走れ

機関車交換なしの「つばめ」「はと」

　鉄道はなぜ電化をめざすのか？

　その理由のひとつとして有力なのは、より高いエネルギー効率だ。石油や石炭などによる火力発電で得た燃料に対して、電気運転はその26％が有効に使える。軽油を燃焼させるディーゼル機関は20％、蒸気機関車は燃やした石炭に対してわずか6％ほどのエネルギーしか使えない、との試算もある。

　設備面では、ディーゼルや蒸気は燃料補給施設だけで事足り、電気運

東海道本線全線電化完成記念急行券。戦後、石炭の節約と輸送力アップのために電化計画を立てたが、ド
ッジ・ラインにより国鉄も制限を受け、電化は思うように進まなかった。戦後およそ10年、悲願の電化完成。

化完成

乗車券

普急　大
通 ②
　　阪

普 通 急 行 券
３等　600キロまで
大阪駅から乗車
通用発売日共 ２日
300円　大阪駅発行
同一列車１回限り有効です。

（見　本）

転には発電から変電・送電などに多
額の設備費がかかってしまうが、加
減速など運転性能に優れ、スピード
アップによる所要時間の短縮と線路
利用の余裕が生み出す輸送力の増
大は、旅客だけでなく貨物輸送にも
大きく貢献する。運行の際の環境へ
の配慮という項目も誇らしげに追加
されるのだろう。

　1956（昭和31）年11月19日、東海
道本線の全線の電化が完成した。こ
れを基軸として国鉄は全国的にダイ
ヤを改正した。

　東京〜大阪間を結ぶ特急「つば

め」、「はと」は、EF58形電気機関車
による直通牽引となった。初日はそ
れを記念する特設のヘッドマークを
掲げて走った。

　大阪まで途中の機関車交換はな

東京駅にて出発のテープを切る十河信二国鉄総裁。

い。全体的なスピードアップがはかられ、所要時間はそれまでより30分短縮の7時間30分となった。戦争で大きく後退した所要時間を少しずつ削り取り、戦前の1934（昭和9）年の壁を、ついにというか、やっと破れた。

東京〜博多間を結ぶ夜行特急「あさかぜ」も新設された。所要時間は上下列車とも17時間25分。従来の急行列車に比べて4時間44分短縮している。東海道本線以外の電化区間は山陽本線の神戸〜西明石間、そして関門トンネルのある下関〜門司間だけだったが、この成果となった。非電化のため「あさかぜ」は深夜の京都駅でC62形蒸気機関車にバトンタッチ、西へと向かっていった。

国鉄は昭和20年代から電化だけでなく、全国的に線路設備の修復と改良も進めていた。レールの質量アップ（重軌条化）、さらにはコンクリート枕木（PC枕木）の導入なども行われ、スピードアップや輸送力増強がはかられていく。東海道・山陽・九州・北陸・東北・上越など各エリアにも急行が増発されている。この白

1958（昭和33）年10月から20系客車で運転されるようになった特急「あさかぜ」。その車体色からいつしか20系列車は「ブルートレイン」と呼ばれるようになった。東海道本線興津〜由比間にて。

20系客車の量産により「ブルートレイン」は各地で運転されるようになった。写真は東京〜鹿児島間を結ぶ「はやぶさ」。非電化区間はSLが牽引。

紙ダイヤ改正はこうした努力の集大成でもあった。

もはや戦後ではない

　この年1956年7月発行の『昭和31年度版　経済白書』には、敗戦後の産業界の復活と発展状況を分析して「もはや戦後ではない」と記された。さらに「今後の成長は近代化によって支えられる」とも報じられ、当然、国鉄の使命にもなった。

　昭和32年度から昭和36年度までの国鉄事業計画、「第1次5か年計

画」は以下のような骨子だ。

・輸送の安全を確保するための老朽施設・車両の更新、信号保安設備の強化。

・輸送力不足を解消するとともに急激に伸長する輸送需要に応ずるべく輸送力を増強。

・サービス改善と経費節約のため、

昭和30年代の東京風景。銀座の街を1961（昭和36）年までC62形が走っていた。これは東海道本線ではなく常磐線への直通列車だった。上野駅前では昭和40年代まで都内各地を縦横に走っていた都電も発着。

輸送方式、動力および設備の近代化。

電気機関車795両、ディーゼル機関車620両、客車850両、ディーゼル動車2,340両、電車2,360両、貨車24,000両を新製増備し、単線区間の複線化、複線区間の複々線化、そして輸送量の多い線区の電化など、相当な意気込みだ。

この計画を達成できた場合、輸送力は昭和31年度に比べ旅客で139%、貨物で134%と増加する一方、動力費は年間で100億円近い節約になると計算されていた。

運転が始まった「あさかぜ」にしてもその利用は好調に推移したが、観光よりビジネスが主体で、活性化し成長する経済活動を映した列車だった。

華やかなりしブルトレの誕生

その「あさかぜ」は2年後の1958（昭和33）年に20系客車とともに変身する。それは「成長する時代を反映する美しい変身」ともいうべきかも知れない。20系客車はこの列車のために開発された夜行特急専用車両だ。車体は濃い青色に3本のラインをあしらい、固定式の窓がずらりと並んでいる。車端にある折戸式となった出入り口ドアも目新しい。編成の両端は緩やかな弧を描く流線型。寝台スペースを広げるため、車両限界いっぱいまで深くつくられた屋根へと続いている。

山手線の電車もまだ栗色で運転されていた時代に、そのスタイリッシュなフォルムとともにこの青い装いは極めて新鮮に見えたことだろう。そしてなによりもその姿は「戦後」ではなかったのだ。

日本初の電車特急「こだま」。客車時代の特急「つばめ」と並び、時代の変革を実感させた。

夜行列車らしいイメージということで起用されたこの色調から「あさかぜ」は「ブルートレイン」と呼ばれていく。国鉄からJR時代にかけて夜を徹して日本中を駆け巡った寝台特急の誕生である。

東京駅を発着する列車としては20系「あさかぜ」誕生から1か月後の1958年11月1日に運転を開始したモハ20系（のちの151系）電車特急「こだま」も時代を背負った。

列車の運転は機関車が客車・貨車を牽引する「動力集中方式」と電車や気動車などの「動力分散方式」に大別できるが、加減速性能、線路への影響、快適性などは後者が有利だ。

151系には、それまでの電車製造の基本技術に加え、高速運転や長距離運転に向けた車体構造、車内設備、台車など新たな試みが盛り込まれた。運転手の視認性を配慮した高い位置の運転台を採用。先端部は機器類を収めたボンネットを備え、優美な流線型の特徴あるフォルムが完成した。

客車特急「つばめ」「はと」より大幅にスピードアップされ、特急「こだま」の所要時間は、東京〜大阪間6時間50分。電車という新技術の導入もあり、たった2年で40分も短縮したのだ。東京と大阪はついに日帰り圏になり、マスコミから“日帰りビジネス特急”と呼ばれるようになった。

日本はこうした特急たちとともに、まさに猛スピードで発展・成長していく。

1958年11月号の『時刻表』に「第1こだま」「第2こだま」が登場。

1956（昭和31）東京〜大阪間が7時間半

■ 東海道本線全線電化、全国白紙ダイヤ改正実施

11月19日、石炭節約と動力近代化による合理化をめざした東海道本線の全線電化が完成。特急「つばめ」「はと」は東京〜大阪間を7時間半と30分短縮、東京〜博多間の夜行特急「あさかぜ」も新設。急行・準急も各地で増発。このときに田端〜田町間で山手線と京浜東北線の運転経路が分離された。

1957（昭和32）送電ロスと設備コストをカット

■ 仙山線で日本初の交流電気機関車を導入

交流電化は経済性などの観点から世界的に注目されていたが、技術に難点があった。国鉄は1950年代から研究を開始、仙山線で実験も実施した。仙台〜作並間では9月5日から交流電気機関車による営業運転を開始、さらに10月1日からは北陸本線田村〜敦賀間も交流電化された。

1957（昭和32）世界最速記録達成。挑戦は続く

■ 小田急ロマンスカー SE車を借り、東海道本線で実験

国鉄の新たな電車特急開発に向けてさまざまな実験が行なわれたが、9月には小田急電鉄の特急ロマンスカー用SE車（3000形）を借り入れ、東海道本線で試験。9月27日には当時、狭軌電車世界最速の145km/hを記録。翌月には国鉄の通勤形モハ90形（のち101系）で135km/hを達成した。

1957（昭和32）上野動物園にモノレールが登場

■ 東京都交通局が運営した日本初のモノレール

モノレールは占有する敷地面積が小さいことから市街地形成後の都市でも導入しやすい。東京都は交通渋滞を緩和する手段のひとつとして着目、試験も兼ねて上野動物園内に東京都交通局上野懸垂線を建設、12月17日から運行開始。その後、モノレールは東京モノレールなどで実用化が進んだ。

出来事・トピックス

1958 (昭和33) 時代を駆け抜けた「走るホテル」

■ ブルートレイン誕生

夜行特急のサービスアップをめざして冷暖房完備の20系客車が開発された。電源車も組み込んだ固定編成。この電源車により照明・空調・食堂車調理機器など一切の電気が賄われ、電化・非電化区間に関わらず安定したサービスを提供。10月1日から東京〜博多間「あさかぜ」で運転開始。

1958 (昭和33) 東京〜大阪間が日帰り圏に

■ ビジネス特急「こだま」誕生

東海道本線全線電化に伴い電車による特急運転も計画、モハ20系（のち151系→181系）が開発され、東京〜大阪・神戸間を特急「こだま」として運転開始。東京〜大阪間の所要時間は6時間50分。先頭はボンネットを突き出したスピード感のある斬新なスタイル。試験運転で163km/hも記録。

1960 (昭和35) 新たな都市交通システムをめざして

> 1958 (昭和33)
> 東京タワー完成

■ 地下鉄と郊外電車が直通運転開始

12月4日、都営地下鉄1号線（現・浅草線）が押上〜浅草間で開業、この日から京成電鉄と相互直通運転を開始。地下鉄と郊外電車の初の直通運転だったが、接続駅で乗り換えの手間はなく利便性が高く、東京はもとより名古屋、京都、大阪など大都市で幅広く活用されるようになった。

1960 (昭和35) 国鉄を代表する「ブルドッグ」型

■ ディーゼル特急誕生

ディーゼルエンジンを動力とする気動車は非電化区間の合理化に大きく貢献した。大出力機関の開発によりディーゼル特急が計画され、キハ80系が開発された。12月10日から上野〜青森間の特急「はつかり」に起用されたが、当初は初期故障が続き「がっかり」と揶揄されたこともある。

1961 （昭和36）

「さん・ろく・とお」ダイヤ改正

もっと速く移動するために

特急「こだま」として登場した151系は「つばめ」や「はと」にも。

1961（昭和36）年に誕生したキハ58系は1,800両以上量産され、全国の急行で活躍した。

戦後復興の総仕上げ

「さん・ろく・とお」

　1961（昭和36）年の10月1日に改正されたダイヤは、鉄道関係者や鉄道ファンからこう呼ばれている。国鉄が始まって以来、「最大の、全面的な、白紙ダイヤ改正」だった。

　1954（昭和29）年あたりから始まった神武景気からその後の岩戸景

1960年代の池袋駅の通勤ラッシュ。身動きも取れないほど、ホームが人で埋め尽くされている。

首都圏の通勤を支えた101系。「新性能電車」のさきがけ。

〜板付（福岡）間の運航が始まった有様だ。

いやおうなし、日本で鉄道の果たす役割は極めて大きかった。

5年前に「もはや戦後ではない」と経済白書が謳い、国連加盟を果たした日本は世界の一員に返り咲く。前年には日米新安保約が調印され、333メートルの東京タワーも完成、3年後には東京オリンピックを控え、この年から6年経つと日本はGNP世界第2位に躍り出る、まさに高度経済成長の「とば口」にいた。さらに成長するのは間違いないと誰もが思っていた。通勤電車は殺人的な混雑と

気、いざなぎ景気と日本は高度経済成長期に入り、国内の輸送需要が急増していく。この時代、まだ自動車の保有台数は少なく、道路の整備も遅れていた。国道1号線でも「砂利道」レベルで、東名・名神などの高速道路の開通は、この時点からもう少し待たねばならない。航空路もGHQによる戦後政策で制限され、戦争終結の6年後にやっと羽田〜伊丹

なって、中距離・長距離の移動も飛躍的に増えた。

日本の人々は「移動すること」を渇望し、しかも「急いでいた」といっていい。

列車名	運転区間	種類
第1こだま	東京〜大阪	M
第2こだま	東京〜大阪	M
第1富士	東京→宇野、神戸→東京	M
第2富士	東京→神戸、宇野→東京	M
第1つばめ	東京〜大阪	M
第2つばめ	東京〜大阪	M
はと	東京〜大阪	M
おおとり	東京〜名古屋	M
さくら	東京〜長崎	P
あさかぜ	東京〜博多	P
はやぶさ	東京〜西鹿児島	P
かもめ	京都〜長崎・宮崎	D
うずしお	大阪〜宇野	M
みどり	大阪〜博多	D
へいわ	大阪〜広島	D
まつかぜ	京都〜松江	D
白鳥	大阪〜上野・青森	D
つばさ	上野〜秋田	D
はつかり	上野〜青森	D
おおぞら	函館〜旭川	D

〈不定期特急〉

列車名	運転区間	種類
第1ひびき	東京〜大阪	M
第2ひびき	東京〜大阪	M
みずほ	東京〜熊本	P
ひばり	上野〜仙台	D

M：電車特急、D：ディーゼル特急（気動車特急）、P：客車特急（20系）

「白鳥」は大阪〜上野間、大阪〜青森間、「かもめ」は大阪〜長崎間、
大阪〜宮崎間で別列車として数え、国鉄は26往復52本とPRした。

前章で触れた昭和32年度スタートの国鉄「第1次5か年計画」、そして間髪を入れずに始まった「第2次5か年計画」という長期計画は、こうした日本に対しての国鉄の使命の確認と提示、その提案のひとつが「さん・ろく・とお」だったのである。

新設列車は752本！

繰り返しになるが、「第1次5か年計画」は、要するに、「古くなった施設や車両を新しくし、経済成長に合わせた輸送力を強化し、サービスを改善しつつ経費を削減して近代化する」ということだ。

車両新造、線路増設、電化、電化

の進展にともなう電車化、非電化区間のディーゼル化、大都市通勤輸送の改善、保安対策の強化……その多くは作業途上ではあったものの、「さん・ろく・とお」では、完了した施設や増備車両を活かし、新設した列車は実に752本。列車キロにして11万5,000キロにもおよんだ。

注目すべきは、北海道・奥羽・日本海縦貫・山陰本線などに新設された特急だ。特急本数はそれまでの10往復（不定期含む）から一挙に26往復へと大増発される。これにより全国主要線区にわたる特急網がつくられた。「急いでいる」日本人は喜んだに違いない。

さらに新設された特急の大半が「電車」か「気動車」だったことにも注目したい。機関車が引っ張る「客車」ではなかったのである。

国鉄は戦前から電車・気動車を実用化してきたものの、特急など長距離を結ぶ列車は、すべて機関車が牽引する客車で運転されてきた。客車列車は、用途や需要に合わせて自由に編成を変えられ、運転もそれぞれ

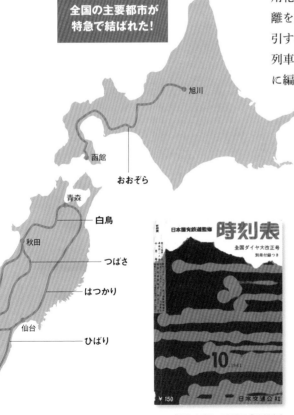

全国の主要都市が
特急で結ばれた！

旭川

函館

おおぞら

青森

白鳥

秋田

つばさ

はつかり

仙台

ひばり

1961（昭和36）年10月号の『時刻表』は、大増発された特急・急行・準急だけをまとめた別冊付録付き。

北海道から九州まで主要都市が特急で結ばれ、長距離・高速の移動が叶えられるようになった。

特急「はつかり」に日本初の特急形気動車キハ81系が投入された。「さん・ろく・とお」ダイヤ改正時には、特急が大増発されたため、改良型のキハ82系が充てられ一気に台頭した。キハ82系は先頭がボンネットではなく、貫通扉付きとなりスタイルが大きく変わった。

の線区に適した機関車を起用でき、運行区間を選ばない。この特長を活かし長距離列車はすべて「客車」だったのだ。

電車特急と気動車特急

　風向きを変えたのは、長距離列車向けに開発され1950（昭和25）年に誕生した80系電車で、ここから新たな電車時代が切り拓かれていく。昭和30年代には本格的に高性能電車の開発が始まり、まずは通勤用の101系（当初はモハ90形）が世に出た。オレンジ色に塗られた101系は中央線電車区間（東京〜高尾）に投入された。発車と停車を繰り返す通勤電車には、素早く加速し、素早く減速する性能が求められる。高い加減速性能を持ち、輸送力増強の実力を発揮した101系は首都圏経済の強い味方となった。

　101系の技術を活用し開発、長距離向けの特急形151系（当初はモハ20系）、急行用153系が1958（昭和33）年に登場した。151系は、先に触れた東海道本線、特急「こだま」でデビュー。塗色もクリームを基調に窓まわりを赤の、のちに国鉄特急の定番となる装いだった。最高速度は101系が100km/hだったのに対し、151系や153系では110km/h。1960（昭和35）年6月からは、それまでの

所要時間をさらに20分短縮、東京と大阪を6時間30分で結んだ。

　一方、ディーゼルエンジンを搭載、電化・非電化区間にかかわらず直通運転が可能な気動車も開発が進められた。幹線の電化は当初一部区間に留まり、全線の電化はさらに先のこととなる。非電化区間用に気動車の開発もピッチを上げられていた。

　1958（昭和33）年から一般用、準急用などとして気動車の開発が大きく進み、1960（昭和35）年に誕生したのが特急用のキハ80系だ。キハ81系とも呼ばれる初期型の外観は151系の流れを汲むボンネットスタイルで、塗色もクリームと赤の特急色を引き継いだ。

　この年の12月に、上野〜青森間の特急「はつかり」として登場。客車時代に比べて快適な旅となったが、新型エンジンによる初期故障も出て「はつかりならぬ"がっかり"」と揶揄されたこともある。

　だが、数か月で本来の性能を発揮でき、翌年3月からは上野〜青森間を10時間43分で結ぶようになった。客車時代は12時間。大幅な所要時間短縮を実現し、ようやく乗客の信頼も勝ち得た。この後、このマイルストーン的存在のキハ81系のマイナーチェンジ版キハ82系の量産が始まり、「さん・ろく・とお」での特急大増発に大きく貢献したのである。

1961（昭和36）年〜1963（昭和38）年の

1961（昭和36）逆「の」の字運転からスタート

■ 大阪環状線の誕生

大阪中心部で環状運転を行なっている大阪環状線は4月25日の西九条〜大正〜天王寺間開業で開通。このとき、城東線や西成線を合わせて大阪環状線と改称している。ただし西九条駅の構造上、環状運転はできず、桜島発着の逆「の」の字運転だった。環状運転は1964（昭和39）年3月から。

1961（昭和36）特急大増発で全国特急網を築く

■ さん・ろく・とおダイヤ改正

10月1日、5年ぶりに大改正を実施、新幹線開業までの運転体系を確立した。特急は18本→52本、急行は126本→226本と全国で大増発、特急・急行による高速列車網を拡充整備した。このうちの特急は「はつかり」でデビューしたキハ80系の量産車（キハ82形）が中核となった。

1962（昭和37）腐食に強く車体も軽量化

■ 現在では標準工法。初の本格ステンレス車両導入

ステンレス鋼は普通鋼に比べて耐食に優れ、硬度も高く車両軽量化に有利で、現在では標準的な車両工法のひとつとなっている。ただし加工が難しく、当初は試用に留まっていた。アメリカの技術提携を受け、この年から東急7000系、京王3000系（写真）、南海6000系など本格的な導入が始まった。

1962（昭和37）特急牽引から貨物牽引まで

■ 大出力の本線用DL「DD51形」誕生

非電化区間の無煙化をはかるため、国鉄ではディーゼル機関車の開発を進め、DD51形で初めてC61形の高速性能とD51形の牽引力を上回る性能が実現された。3月に1号機が完成、1978（昭和53）年まで649両を量産。無煙化に貢献したのちも活躍し、半数近くがJRへ継承。

出来事・トピックス

1962 （昭和37）きっかけは三河島事故

■ 国鉄の長期計画を変更してATS開発導入を優先

5月3日、常磐線三河島駅構内で貨物列車が脱線、そこに下り電車が接触して脱線、さらに上り電車も衝突、死者160名、重軽傷者430名という大惨事になった。当時の電車の保安装置では対応できず、国鉄は緊急対策としてATS（自動列車停止装置）を開発、全動力車への導入を進めた。

1962 （昭和37）日本最長の狭軌トンネル

■ 全長13,869メートル、北陸トンネル開通

急峻な地形のなかで建設された北陸本線は、戦後、全線にわたって複線化や新線切り替えによる近代化が進められた。そのひとつが6月10日に開通した敦賀〜今庄間の北陸トンネルだった。以前は25‰の急勾配が連続するルートを数多くのスイッチバックで通行しており、最大30分の短縮となった。

1962 （昭和37）鉄道90周年記念を盛大に

■「交通科学館」「青梅鉄道公園」など開設

10月14日、鉄道90周年を迎え、国鉄では翌15日に記念式典を挙行。記念事業として「交通科学館」（大阪市／1月21日開館、2014年京都鉄道博物館への拡張に向けて閉館）、「青梅鉄道公園」（青梅市／10月19日開館）などを設置、「エドモンド・モレルの墓」などを鉄道記念物に指定した。

1963 （昭和38）強力機の開発で碓氷峠の急勾配を克服

■ アプト式を廃止し、通常の粘着運転化

信越本線横川〜軽井沢間は66.7‰という国鉄最急勾配のためアプト式で運転されていたが、7月15日からアプト式ED42形に替わってEF62・EF63形（写真）が導入され、通常の粘着式に変更となった。このときスイッチバックの旧線から複線新線に。最急勾配は66.7‰のまま継続された。

Part 3

1964（昭和39）年〜1987（昭和62）年

1964（昭和39）東海道新幹線開業
そして、夢は現実になった

1968（昭和43）「よん・さん・とお」ダイヤ改正
一日中、走り続けたいから

1978（昭和53）「ごー・さん・とお」ダイヤ改正
それでも国鉄を守るために

1987（昭和62）「分割・民営化」——国鉄からJRへ
ただちにやらねばならぬ

夢への加速と実現と。
でも変わらなければ
ならなかった時代へ。

1950年代半ばから1973年の第一次オイルショックまで、
日本は年平均10%前後の経済成長を遂げた。
国民の所得・生活・消費水準は飛躍的に上がり、
電気洗濯機、電気冷蔵庫、そして白黒テレビは「三種の神器」と呼ばれた。
日本の鉄道も新幹線をはじめ、次々に登場する特急たちとともに、
まさに猛スピードで発展・成長していく。
だが「東洋の奇跡」とも言われた日本の戦後復興と高度経済成長は
光だけでなく、公害問題、都市部の人口増加と地方の過疎化などの影も落とし、
それぞれが大きな社会問題として、その後も続いていく。
1970年代の大阪での万国博覧会、そして沖縄返還、二度のオイルショックなど、
変貌する日本のなかで、鉄道にも大きな波が押し寄せていた。
国鉄が走るレールの前方には、急カーブが迫っていた。

1964 (昭和39)

そして、夢は現実になった

東海道新幹線
この鉄道は日本国民の叡智
と努力によって完成された

NEW TOKAIDO LINE

Product of the wisdom and effort of the Japanese people

東京・新大阪間 Tokyo – Shin-Osaka	515km
起 工 Work started	1959 4月20日
営 業 開 始 Opened to traffic	1964 10月1日

東京駅新幹線ホーム下の壁に掲げられている記念プレート。「日本国民の叡智と努力」の言葉に、新幹線開業という一大事業を成し遂げた誇りが感じられる。

いまでは東海道新幹線の絶好の撮影スポットとして有名な富士川橋梁の工事（上）。開業を前に東京の街並みの中を試走（下）。

「東海道」に力を入れる理由

　新幹線の定義をご存じだろうか？「その主たる区間を列車が200キロメートル毎時（以降km/hと記す）以上の高速度で走行できる幹線鉄道」ということである。

「夢の超特急」——東海道新幹線。

　1964（昭和39）年10月1日に東京〜新大阪間で開業し、実際、東海道新幹線は最高速度210km/hで運転を開始した。

　この開業は、日本の鉄道150年の歴史でトップクラスの出来事だ。当時の営業列車のなかで世界一のファステストランナー、その高速性はもちろん、安定性、定時性など高い評価を得て、日本国内はもとより世界に

1964（昭和39）年10月1日午前6時、東海道新幹線の第一列車が東京と新大阪のふたつの駅から同時に出発した。東京駅では、石田礼助国鉄総裁のテープカットで幕を開けた。

も「SHINKANSEN」として名をとどろかせることになった。

　日本の高度経済成長は加速する一方だった。そしてその成長を引っ張っていたのが「東海道エリア」で、それは東海道本線のデータを眺めるとよくわかる。

　1955（昭和30）年当時、東海道本線の営業キロは約590km。これは国鉄すべての営業キロの3％ほどにすぎない。ところが輸送量は旅客も貨物も全国シェアの約25％、1/4になっていた。沿線地域は国土のおよそ16％なのに人口は約43％。線路に沿うように太平洋ベルト地帯の一翼が続き、工業生産高では全国の約7割（国鉄の分析）を占めるという数字だ。

　だから、国鉄は東海道本線の強化に力を入れてきた。

　先に紹介したように1956（昭和31）年に全線電化を完成させ、線路強化・有効長延伸・待避線増強・操車場の拡張など改良工事も進めてきた。複線での運行は「片道200本が限界に近い」といわれるが、東海道本線は全線電化完成後の全本数をカウントできる東京〜新橋間で見てみると、片道210本を超えた。

　だがしかし、速すぎる経済成長に追いつけない。需要の伸びは全国鉄のなかでも一頭地を抜く状況だった。「早晩、限界を超える」

　誰もがそう確信していた。破綻するのは目に見えていたのである。

超特急列車をつくる力

「超特急列車、東京−大阪間3時間への可能性」——これは、1957（昭和32）年5月に東京銀座の山葉（ヤマハ）ホールで開催された、国鉄の総合技術研究所創立50周年記念の公開講演会の「演題」である。

このころ国鉄では「東海道本線をどう発展させるか」の検討が重ねられていた。俎上には3案。①広軌で別線　②現状の狭軌で別線　③狭軌複々線化——いずれにせよ巨額の資金が動く国家規模的事業だ。

だが、一方では東名高速道路などの全国主要幹線道路建設計画、つまり自動車交通の整備も検討が始まっていたこともあって、国鉄内では結論を出さず、後に「新幹線の父」として呼ばれた十河信二国鉄総裁は運輸大臣に検討結果を報告して判断をゆだねた。

そんな最中、ヤマハホールでの講演会の影響は実に大きかった。この時点で電車特急は誕生前、客車特急「つばめ」「はと」が東京〜大阪間を7時間30分で走っていた。それを一気に4時間半短縮。それこそ「夢」と思われても不思議ではない。だが、この講演では、当時のフランス国鉄の最

鳥飼基地に堂々と並ぶ姿は圧巻。新幹線0系の丸みを帯びた「顔」がかわいらしいと引退したいまも根強い人気を誇る。

高速度世界記録が331km/h、常用が160km/h程度という資料などとともに、「常用200km/h超」の技術的可能性が豊富なデータで裏付けされた。

国鉄総裁の要請もあったことから8月には国家レベルでの検討がスタートし、翌1958（昭和33）年12月に閣議決定、東海道新幹線の建設が正式に決まったのである。

東京〜大阪間3時間10分

1959（昭和34）年4月に建設工事認可、国鉄本社に「幹線局」、さらに「東京幹線工事局」などが設けられ、20日には起工式が行なわれた。1か

月余り過ぎた5月26日、第18回オリンピック競技大会の開催地が東京に正式決定された。開催は1964（昭和39）年10月。東海道新幹線をそれまでに開業させるべく、作業はここか

浜松工場にて車両点検のためクレーンで持ち上げられる0系車両。

ら急ピッチで進んでいく。

　1964（昭和39）年7月1日に神奈川県下の川崎市で最後のレール締結が完了、東京〜新大阪間の線路がつながった。在来線の丹那トンネル建設に16年かかっていたことを考えると「超特急」のスピードである。

　7月25日には試運転も始まり、10月1日の開業をめざして運転士の熟練も兼ねた本格的な慣らし運転へと入っていった。

　車両は、特急「こだま」などに活躍していた151系電車をはじめとする近代型車両技術を結集するととも

に、諸外国の鉄道車両や航空機を参考にして設計され、形式名も独自のルールで0系電車となった。

　1,435ミリという広いレール幅を活かして車体も従来の在来線車両よりひとまわり大きい。2等車（現在の普通車）の座席は3＋2列配置となった。5号車、9号車に組み込まれていたカウンタースタイルのビュフェは、「ビジネス特急」と呼ばれた特急「こだま」から継承されたが、壁面には速度計も備えられ新幹線らしさを感じさせた。乗客はその目で高速運転を実感することができたのだ。

新幹線の横顔が並んだ開業時の時刻表表紙。「夢の超特急」のデビューとあって中面でも多くのページが割かれ、料金などの情報も丁寧に紹介されている。

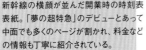

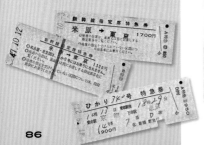

東京駅構内の中央総合指令所。走行中の全列車の動きを表示盤に表示し、ポイントなどを遠隔制御した。

新幹線のビュフェには外国人の姿も。ビュフェに設置された速度計は、乗客の注目を集めた。

　最高速度は開業当初から210km/hではあったが、路盤が安定するまでゆとりある暫定ダイヤが組まれ、東京～新大阪間は超特急「ひかり」(名古屋・京都のみ停車)で4時間、特急「こだま」(新幹線各駅に停車)で5時間。これでも「ひかり」は、在来線時代の特急「こだま」の6時間30分より2時間半速い。驚異的な所要時間短縮だ。

　列車あたりの定員は12両編成でも約1.5倍。輸送力は大きく向上した。翌年のダイヤ改正では予定通り速度アップがなされ、「ひかり」は3時間10分、「こだま」は4時間運転となった。

　1964(昭和39)年9月号の『国鉄監修 交通公社の時刻表』には、国鉄写真ニュースのページに「開業近づく新幹線」のタイトルとともに特急料金表が掲載されている。東京～新大阪、4時間超特急「ひかり」は1,300円、5時間特急「こだま」は1,100円。そして将来の3時間超特急は1,600円だ(いずれも2等)。在来線の6時間30分特急「こだま」は800円だった。所要時間が1/2だから価格は「2倍」ということだろうか。

　いずれにせよ、超特急の「夢」は「現実」になったのである。

1964 （昭和39）予約のあり方を変えた「マルス」

■ 手作業で行なっていた座席・寝台指定を電子化

国鉄の座席や寝台の指定は手作業で行なわれていた（写真）。当初は主要駅に割り振り、1950（昭和25）年から東京などに台帳を備え、各駅から電話にて予約する方式に。1960（昭和35）年にコンピュータによる「マルス1」で試行開始、2月23日から「マルス101」で本格的にシステム稼働となった。

1964 （昭和39）国鉄新線建設を進めるはずが……

■ 日本鉄道建設公団設立

国鉄の新線はすべて国鉄の経費によって建設が進められてきたが、巨額な経費の調達は困難だった。国鉄に代わって建設を行う日本鉄道建設公団を3月23日に設立。公団は完成した主要幹線・大都市交通線を有償、ローカル線は無償で貸し付けることで新線建設を円滑に進める体制を築いた。

1964 （昭和39）青函連絡船輸送力アップ

■ 大型船導入で所要時間短縮、自動車航送も開始

青函トンネルはこの年に試掘も始まったが、開通までの輸送力増強・安全性向上などから連絡船では新型船の導入も実施。5月10日に第一陣の津軽丸（写真）が就航、所要時間は最短3時間50分と30分以上短縮。その後も新造船や旧船の改造が行なわれ、1967（昭和42）年には乗用車の航送も開始。

1964 （昭和39）羽田空港へのアクセスが便利に

■ 東京五輪に向けて東京モノレール開業

1960年代、羽田空港は日本人の海外渡航自由化や東京五輪などもあり利用者が急増。そのため、空港整備と共にアクセス整備も行なわれ、9月17日には浜松町〜羽田空港間の東京モノレールも開業した。国内ではいくつかモノレールが運行されていたが、これが初の本格的な輸送機関となった。

出来事・トピックス

1964 (昭和39) 東京〜新大阪間を4時間で結ぶ

■ 東海道新幹線開業

10月1日、東海道新幹線東京〜新大阪間が開業。最高210
km/hで運行する世界初の高速鉄道となった。当初は超特急
「ひかり」が4時間、特急「こだま」が5時間で結んでいたが、
翌年11月から「ひかり」3時間10分、「こだま」4時間に。写真
は新幹線試作車の1000系。

> 1964 (昭和39)
> 東京オリンピック

1965 (昭和40) 手作業の限界を超えた……

■ 当時1日の指定席数は約18万席。「みどりの窓口」誕生

1964年の「マルス」本格稼働で指定券発券が自動化された
が、当初は端末機が少なく相変わらず電話対応が続いてい
た。10月1日、ダイヤ改正を機に全国152駅に専用窓口「みど
りの窓口」を開設して、端末機も一気に467台に拡張。このと
きから日本交通公社にも設置された。写真は東京駅。

1966 (昭和41) 安全への備えを万全に

■ 自動列車停止装置 (ATS) 導入完了

1962(昭和37)年の三河島事故を契機に保安設備の改良
が緊急課題となった。国鉄ではすでに導入していた車内警
報装置に列車停止機能を加えた自動列車停止装置 (ATS) を
開発、全動力車および地上で設置を進めた。4月20日に全線
で装置取付けを完了、全列車がATS運転となった。

1967 (昭和42) 昼夜兼行で大活躍

■ 夜間は寝台特急、昼間は座席特急。世界初の寝台電車

10月1日、世界初の寝台電車581系を使った寝台特急「月光」
(新大阪〜博多間)の運転を開始。昼間は特急「みどり」(新
大阪〜大分間)となり、昼夜兼行で運転された。当時としては
寝台面積も広く、大好評。翌年から運転区間や運転列車を
拡大、九州から東北まで国内各地で活躍を始めた。

一日中、走り続けたいから

「よん・さん・とお」ダイヤ改正

「国鉄ダイヤ全面大改正号」。表紙は
もちろん583系「はつかり」。

ご旅行がぐーんと便利になります

『国鉄監修 交通公社の時刻表』
1968（昭和43）年10月号の表紙は、
それまでのボンネット型特急ではな
く、運転室の前でストンと切り落とし
たようなスタイルが斬新な583系特
急「はつかり」が、東北本線の岩手
県馬仙峡にかかる橋梁を走る姿だ。
　もう少し時刻表をめくっていこう。
目次、索引地図、広告に続き、しばら
くすると特急「はつかり」の大きな写

ディーゼル特急「はつかり」は「よん・さん・とお」を機に電車特急化。立役者となった583系は長らく活躍を続け、10年後にはトレインマークも絵入りとなった。写真はJRに引き継がれた時代のもの。

真、そして簡単な路線図とともに「国鉄ダイヤ全国大改正／東北本線 複線・電化完成!! ～ 東北・北海道方面へのご旅行がぐーんと便利になります～」というタイトルがついたページがあらわれる。めくってみよう。

八戸のうみねこや十和田湖畔の乙女像の写真とともに、[特急 上野・青森間8時間30分運転…2時間短縮 昼行特急「はつかり」2往復 夜行特急「はくつる」1往復「ゆうづる」2往復]とタイトルが踊っている。

続いて[特急 上野・仙台間3時間53分運転…40分短縮 特急「ひばり」5往復 急行「まつしま」5往復]さらに[特急 上野・山形間4時間35分運転…1時間短縮 特急「やまばと」2往復 急行「ざおう」3往復]など。

東北本線の全線電化

国鉄ダイヤ全面大改正、昭和43年10月だから「よん・さん・とお」と呼ばれる。このダイヤ改正を目前にした国鉄駅には大判2枚組の巨大なポスターが掲示された。そこには新幹線から電車特急、ディーゼル特急、そしてブルートレインまで国鉄特急48種の顔写真が並び、大きく「国鉄の新鋭特急が勢ぞろいしました」のキャッチコピーと「43.10」「国鉄第3次計画」の文字があしらわれていた。

まさしく優等列車網の整備とうたわれた特急大増発を象徴するポスターで、鉄道ファンのみならず一般にも人気となり、ついには商品として発売されたほどだ。

国鉄の新鋭特急が勢ぞろいしました

43.10

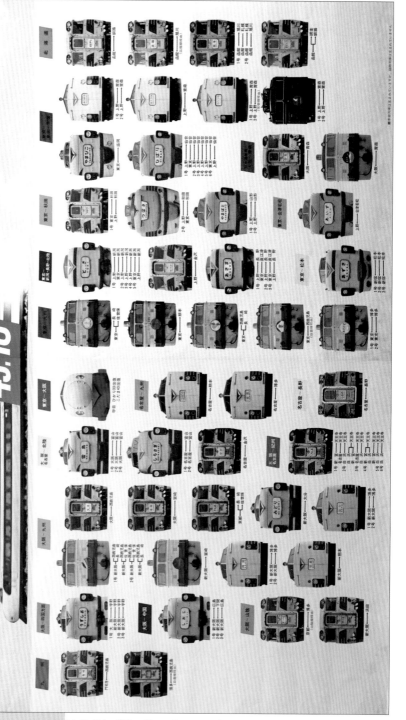

特急の顔が大集合。路線ごとに並べられ、「どれに乗って、どこに行こうか」と旅情がかきたてられる。

このダイヤ改正では列車愛称で10種もの特急が新設され、それまでの特急も大増発された。列車増加に向けて特急・急行の列車愛称も整理され、同一系統の特急は基本的に昼夜1種ずつに統一、また急行は昼夜に関わらず同一名に統一といった動きもあった。それでも特急・急行の列車名は数百におよび、旅人が楽しめるにぎやかな時代になった。

「よん・さん・とお」では全国各地で大きな変化があったが、特に印象的だったのは冒頭にも触れた東北本線の全線電化・複線化完了を受けた変化だ。非電化だった盛岡〜青森間を一気に電化、また一部に残っていた単線区間もすべて複線化、さらに全線にわたって軌道も強化した。国鉄在来線列車の最高速度は、「よん・さん・とお」までは大半が110km/hだったが、こうした軌道強化が全国で行われて120km/hへとアップ、東北本線でも120km/h運転が可能になった。

全線電化により電車の直通運転も始まった。上野〜青森間の電車特急には、日中は座席列車、夜間は寝台列車として使える583系寝台電車が起用された。この車両は前年に581系として開発され関西〜九州間で「月光」「みどり」として試用されていたものを東北本線でも運転できるようにしたものだ。

「よん・さん・とお」の申し子

581・583系は、時代の申し子、いやまさに「よん・さん・とお」の申し子ともいえるような車両のひとつだ。昼行特急の客車列車が電車や気動車に置き換わっても、夜行の寝台特急は静粛性などを考えると客車が望ましい。高速化にも限界がある。だが、高度経済成長が続き、好景気のなかで輸送需要は拡大し、さらなる特急

「月光型」で知られる世界初の寝台電車581系。この改良型583系が「よん・さん・とお」ダイヤ改正時に量産された。

や急行の優等列車が求められた。であるなら、効率よく「昼でも夜でも使える電車」が望ましい。新造するためのコスト、車両基地の問題にも有利だ。581・583系はこの時代に生まれるべくして生まれてきたのである。

日中は座席特急「はつかり」、夜間は寝台特急「はくつる」（東北本線経由）、「ゆうづる」（常磐線経由）として上野〜青森間をフルに走りまわった。この区間、それまでのディーゼル特急「はつかり」の10時間25分を電車特急「はつかり」は8時間30分と大幅にスピードアップした。全線複線、行き違いのための待ち時間ロスをなくし、さらに高性能電車で加減速性能をアップ、軌道強化で120km/h運転も可能にした成果だ。

再び「よん・さん・とお」の時刻表を眺めてみよう。

上野発10時15分の特急「はつかり1号」は、大宮に停車した後、12時39分に到着する郡山までノンストップだ。その後は福島、仙台と停車し、盛岡到着は16時22分。尻内（現・八戸）、浅虫（現・浅虫温泉）と停まって、

18時47分に青森に到着する。定刻に着けば所要時間8時間22分。この列車なら19時10分発の青函連絡船に乗船できる。上野発6時55分、3時間以上前に出発した気動車急行「八甲田1号」に乗っても同じ連絡船を利用することになる。そして4時間ほど船に揺られれば、23時ちょうどに函館に着く。その日のうちに北海道だ。電車特急「はつかり」は一躍人気列車となったのである。

当初2往復運転だったが、1970（昭和45）年から3往復、1973（昭和48）年に5往復、1978（昭和53）年には6往復と運転本数を増やしていっ

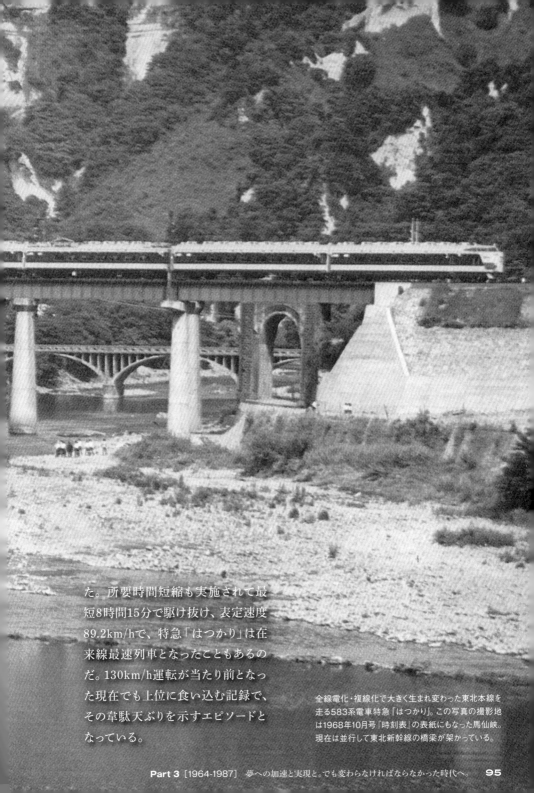

た。所要時間短縮も実施されて最
短8時間15分で駆け抜け、表定速度
89.2km/hで、特急「はつかり」は在
来線最速列車となったこともあるの
だ。130km/h運転が当たり前となっ
た現在でも上位に食い込む記録で、
その韋駄天ぶりを示すエピソードと
なっている。

全線電化・複線化で大きく生まれ変わった東北本線を
走る583系電車特急「はつかり」。この写真の撮影地
は1968年10月号『時刻表』の表紙にもなった馬仙峡。
現在は並行して東北新幹線の橋梁が架かっている。

1968（昭和43）年〜1977（昭和52）年の

1968（昭和43）「はつかり」を筆頭に特急が活躍

■「よん・さん・とお」ダイヤ改正

東北本線全線複線化（8月5日）・電化（8月22日）など1965（昭和40）年度に始まった第3次長期計画の達成設備を活用して実施。メインは特急を軸にした高速列車の増発。旅客列車の増発は新幹線を合わせて6万1,000キロにおよび、そのうちの80％以上が特急・急行だった。写真は特急「北海」。

1969（昭和44）普通車・グリーン車が登場

■ 国鉄の等級制廃止

国鉄の運賃は、開業以来等級別に設定されていたが、5月10日から運賃が1本化された。それまでの1等車を利用する際は、運賃に合わせてグリーン料金を支払う方式となった。これにより車両の表記も等級記号ではなく、グリーン車のみにグリーンマークを貼付する形に改められた。

1970（昭和45）新幹線ネットワークの建設へ向けて

1970（昭和45）
大阪万博

■ 全国新幹線鉄道整備法公布

5月18日、新幹線による全国的な鉄道網の整備をはかることを目的とした「全国新幹線鉄道整備法」が公布された。この法律に基づき、東北新幹線、北海道新幹線、九州新幹線などが計画され、国によって新幹線建設が進められることになった。こうした新幹線を「整備新幹線」とも呼ぶ。

1972（昭和47）
札幌オリンピック

1972（昭和47）「数自慢 かっきり発車 自由席」

■ エル特急誕生

時刻表がなくても気楽に乗れる特急として10月2日改正から「エル特急」が誕生。このときは11往復の「ひばり」、10往復の「とき」、8.5往復の「わかしお」、8往復の「さざなみ」など9系統61.5往復の特急が指定された。エル特急は国鉄の特急増発を象徴するサービスで、その後も増加を続けた。

出来事・トピックス

1972（昭和47）鉄道100周年

■ 記念事業で「梅小路蒸気機関車館」開館

10月14日、鉄道100周年を迎え、国鉄本社で記念式典を挙行。また記念事業として「梅小路蒸気機関車館」（京都市／10月10日開館、2015年京都鉄道博物館への拡張で閉館）を設置、16形式17両（のち増加）のSLを保存。当初は動態保存が原則で、構内運転のほか、各地で本線運転も実施していた。

1973（昭和48）山岳路線の救世主

■ カーブでも速度を落とさずに走行、日本初の振子式電車

7月10日、名古屋〜長野間の特急「しなの」で日本初の振子式電車381系の運転を開始。振り子式はカーブ区間でも速度を落とさずに走行できる特長があり、所要時間はディーゼル特急時代の3時間52分から3時間20分と短縮。381系は中央本線のほか、紀勢本線、伯備線にも運用拡大。

> **1973**（昭和48）
> オイルショック

1975（昭和50）ブルートレインが減っていく

■ 在来線に大きな変化を与えた山陽新幹線全通

3月10日、山陽新幹線が博多まで全通、東京〜博多間を最短6時間56分で結ぶようになった。新幹線博多開業を機に山陽地方の特急が削減され、九州内は博多に発着する特急「有明」「にちりん」などが大増発された。また、九州連絡のブルートレインも「あさかぜ」1往復などが削減された。

1976（昭和51）最後の活躍は北海道

■ 国鉄の蒸気機関車全廃

国鉄の蒸気機関車（SL）は動力近代化で縮小を続け、旅客列車の運転は1975（昭和50）年12月14日の室蘭発岩見沢行きを最後に終了。10日後に貨物列車も終了、追分の入れ換えに残っていた最後のSLも3月2日で引退した。これにより1世紀以上続いた国鉄のSLが全廃となった。

1978 （昭和53）

「ごー・さん・とお」ダイヤ改正

それでも国鉄を守るために

国鉄再建に向けてローカル線の仕分けが行なわれ、古き良き趣のある路線が姿を消して行なった。高砂線最後の日（上）。在りし日の清水港線三保駅（中・下）。

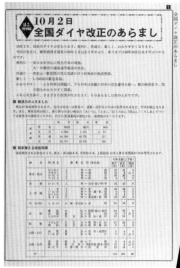

当時の時刻表では、ダイヤ改正により特急が
36本増発され、便利になると肯定的に書かれている。

決行、「守りのダイヤ」

　白紙ダイヤ改正。

　1961（昭和36）年10月の「さん・ろ
く・とお」、そして1968（昭和43）年
10月の「よん・さん・とお」と触れて
きた。その次が、1978（昭和53）年
10月の、「ごー・さん・とお」である。
「さん・ろく・とお」と「よん・さん・
とお」は、「攻めのダイヤ改正」とい
ってもいいだろう。国家は成長を続
けていた。「もっと速く、昼も夜も移
動したい」という要求に対して、国鉄
は「公共企業体」として何度も長期
計画を実施し、近代化や合理化を進
めつつ輸送力やサービス体制を強
化してきた。ふたつの大きな白紙ダ
イヤ改正は、その象徴だ。

　だが、「ごー・さん・とお」は違う。

「守りのダイヤ」である。国鉄は発
足以後、初となる「列車キロ削減」を
決行した。特に貨物列車の合理化
は顕著で、列車キロは6.5万キロ削
減、47万キロとなった。

　戦後の混乱期からここまで、走り
続けるには国鉄にも原資が必要だっ
た。「もっともっと輸送力を」の日本
の声に応えるために不可欠だった巨
額な投資。国鉄の借入金は膨らん
でいき、人件費は増大、ローカル新
線建設など国の政策による負担も大
きくなっていった。

　東海道新幹線が華やかに開業し
た1964（昭和39）年度は、実は300
億円のマイナス、初の単年度赤字に
なった。このときは繰越利益でカバ
ーできたものの、3年で食いつぶし底
をついた。

これまでの特急は全席指定だったが、エル特急は本数が多く、自由席が設けられたため気軽に乗れる身近な特急として親しまれた。エル特急は1972（昭和47）年に登場し、「ごー・さん・とお」ダイヤ改正時にも増発された。

　時代は熱を帯びながら毎日のようにその姿を変えていく。しかしそれは鉄道にとっては冷酷とも思える変化でもあった。

　自動車と航空、そして海運の台頭。道路、空港、港湾の整備は急速に進み、旅客も貨物も輸送シェアに変化が現れる。1955（昭和30）年度、国鉄は旅客・貨物ともにそのシェアは50％を超えていた。だがその後、輸送量は増えるもののシェアは減少していった。そして1960年代には貨物、1970年代には旅客もトップシェアを自動車輸送に譲ることになった。

負のスパイラルに陥って

　こうした事態に、国鉄はただ手をこまねいていたわけではない。

　たとえば「よん・さん・とお」の1か月前には、国鉄諮問委員会がいわゆる"赤字83線"廃止を求める意見書をまとめている。新幹線を除く国鉄全線2万800キロのうち、7,400キロのローカル線は鉄道より自動車輸送が相応しく、さらにそのうちの2,590.6キロについては、「鉄道とし

て使命を終えている」としたものだ。

　こうした提言も受け、政府は翌年に「日本国有鉄道財政再建特別措置法」を成立させ、言うなれば財政再建10か年計画がスタートした。

　赤字線の廃止は合理化のための一手段であり、すべてが解決するわけではない。国鉄は廃止交渉へと入っていくが、その進捗は芳しくなかった。沿線の人々にとって、ほとんど利用しなくても「鉄道への思い」は強く、廃止反対の動きが始まったのだ。

　廃止に取り組む一方、国の政策として新線建設も進んでいた。そこには廃止対象区間の延長という正反対の事業もあり、支出軽減どころか巨額の出資が続けられていた。「公共企業体」としての辛さがここにある。

　追い打ちをかけるように登場したのが『日本列島改造論』だ。田中角榮による内閣が1972（昭和47）年に成立すると、状況がさらに変化した。「すべての鉄道が完全にもうかるならば、民間企業にまかせればよい。私企業と同じ物差しで国鉄の赤字を論じ、再建を語るべきではない。

各地のローカル線が廃止となるなか、新たに開業した路線も。福島県の会津若松と新潟県の小出を結ぶ只見線は1971（昭和46）年に全通した。（左）田中角榮著『日本列島改造論』日刊工業新聞社。

1980（昭和55）年に走り始めた北海道向け特急形気動車キハ183系。翌年開業の石勝線でも活躍。

（中略）地方線で生じる赤字は、国鉄の総赤字の約一割にすぎない」

田中内閣総理大臣は、「全国総合開発を行う時代の地方鉄道については、新しい角度から改めて評価しなおすべき」とも訴え、大勢の支持を得た。国鉄の新たな有り様が論議されるようにはなったが、これで、"赤字83線"廃止などの再建計画は頓挫してしまう。一事が万事。国鉄が考える施策は前に進みにくかったのである。

新たな挑戦。でも……

さらに追い打ちをかけてきたのがオイルショックだ。第1次は1973（昭和48）年、第2次はこの「ごー・さん・とお」ダイヤ改正の1年後、1979（昭和54）年だ。経済は低迷し、国鉄は抜き差しならない状況に追い込まれていく。

そんななかで、国鉄の労使関係は悪化していく。国労・動労などが大小さまざまなストライキを決行し、列車が運行されない、遅れるなどはよく見る光景だった。「またか」という国鉄への不信とイメージの失墜。

板挟みのような状態で、国鉄はやむをえず1974（昭和49）年、5年ぶりに運賃を値上げした。さらに2年後の1976（昭和51）年に、また上げた。このときは初乗り運賃が30円から60円と超大幅値上げとなったが、それでも赤字解消にはほど遠く、国鉄への評価は下がる一方だった。負のスパイラル――企業体としても国鉄は厳しい局面に立たされていた。

「公共企業体・日本国有鉄道」の運賃は、「公共料金」である。法律にそう定められていた。運賃改訂は国会での承認を得る必要があり、その

1975（昭和50）年11月26日から8日間にわたる「スト権スト」により駅前に人があふれ返った。

経営赤字が続いていた国鉄は、増収のためにさまざまな手を打った。「ごー・さん・とお」ダイヤ改正時には電車特急にイラスト入りヘッドマークを導入し、親しみやすさを演出。1978（昭和53）年11月号の『時刻表』でも紹介された。その後もファンの声に応えてSL列車の復活や「フルムーン夫婦グリーンパス」「青春18きっぷ」など企画商品を展開した。

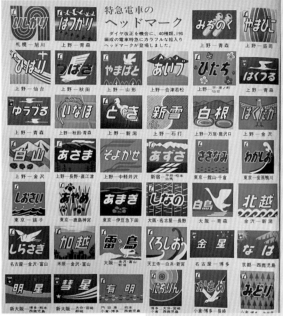

特急電車の**ヘッドマーク**

ダイヤ改正を機会に、40種類、190編成の電車特急にカラフルな絵入りヘッドマークが登場しました。

「価格」はつねに抑制の対象となる。適時に、適正に改訂できず、運賃値上げにまで一苦労するのだ。

そこで、いつでも運賃を上げられるように、1977（昭和52）年に国有鉄道運賃法を一部改正し、以後は運輸大臣の許可だけで運賃改訂ができるように改められた。結果的に1978（昭和53）年から、1983年を除いて1986年（昭和61）年まで、毎年のように、ほぼ春に運賃・料金改訂が実施されることとなったのである。初乗り運賃は、60円→80円→100円→110円→120円と上がっていった。

「ごー・さん・とお」は、こうした「新たなる道を探る挑戦」をはらんだ白紙ダイヤ改正だったのである。

だが、国鉄の終焉はもうすぐそこまでやってきていた。

1978 (昭和53) トレインマークが話題を誘うも……

■「ごー・さん・とお」ダイヤ改正

紀勢本線新宮電化により特急「くろしお」を増発、特急トレインマークをイラスト入りにするなど新風を演出した改正だったが、実態は貨物列車を中心に公共企業体となって以来初の列車キロ削減を実施。度重なる運賃・料金の値上げなどもあり、競争力を失った国鉄を象徴する改正となった。

1979 (昭和54) リニア517km/hを記録

■ 宮崎実験線などで国鉄のリニア開発進む

超高速鉄道としてのリニアモーターカー開発は、1963(昭和38)年に東京・国分寺にあった国鉄の鉄道技術研究所(写真)で始まり、1977(昭和52)年には宮崎実験線も開設された。徐々に線路も延ばされ、高速走行の実験も実施。12月21日にはML-500が宮崎実験線最高の517km/hを記録。

1981 (昭和56) 都市交通を担う新時代の鉄道

■ 初の新交通システム「ポートライナー」開業

2月5日、神戸新交通の「ポートライナー」が開業した。これは小型軽量のゴムタイヤ車両が案内軌条によって走行する新しいスタイルの鉄道で、続いて大阪「ニュートラム」、埼玉「ニューシャトル」など次々と開業した。当時は「新交通システム」、現在では「AGT」と呼ばれることが多い。

1981 (昭和56) 年齢合計88歳以上の夫婦はお得

■ グリーン車乗り放題のフルムーン夫婦グリーンパス

増収を狙って設定された国鉄の特別企画乗車券。年齢合計が88歳以上となる夫婦を対象に国鉄全線グリーン車乗り放題としたきっぷだ。スタート時は上原謙と高峰三枝子をCMに起用、大ヒットしてJRにも引き継がれている。2年後には女性向けの「ナイスミディパス」も発売されている。

出来事・トピックス

1981 （昭和56）目玉はL特急「踊り子」と禁煙車

■ 特急サービスの大衆化

10月1日、道央と道東を直通する石勝線が開通、札幌〜釧路間を約1時間スピードアップ。首都圏では特急「あまぎ」と急行「伊豆」を統合したL特急「踊り子」（写真）も誕生、国鉄特急サービスのさらなる大衆化を感じさせた。L特急「とき」では国鉄在来線特急初の禁煙車も設定、以後禁煙車を拡大。

1982 （昭和57）「青春18のびのびきっぷ」発売

■ 翌年「青春18きっぷ」と名称変更して現在に続く

国鉄全線の普通・快速列車の普通自由席に乗り放題となるきっぷ。当初は2日分1枚と1日分3枚をセットに3月1日から5月31日まで3か月間も利用できた。手ごたえを感じた国鉄は夏季も発売、翌年からは「青春18きっぷ」と名称を変更、現在に続くロングセラーきっぷに成長した。

1982 （昭和57）時刻表に「東海道・山陽新幹線」

■ 東北・上越新幹線が暫定開業

6月23日、東北新幹線の大宮〜盛岡間を先行開業、続いて11月15日には上越新幹線も開業。東京〜大宮間の工事が間に合わなかったため、「暫定開業」とされ、上野〜大宮間は専用の「新幹線リレー」が連絡。東京〜博多間の新幹線時刻表表記は単なる「新幹線」から「東海道・山陽新幹線」に変更。

1983 （昭和58）赤字線（特定地方交通線）廃止第1号

■ 国鉄再建に向けて白糠線廃止

国鉄再建のため1980（昭和55）年に「日本国有鉄道経営再建促進特別措置法」が成立。赤字廃止線が選定され、その転換作業に入った。10月23日には美幸線と共に“日本一の赤字ローカル線”を競っていた白糠線（白糠〜北進間／33.1キロ）がトップを切って廃止、バス転換された。

1987 (昭和62)

「分割・民営化」── 国鉄からJRへ

ただちにやらねばならぬ

JRが発足し、車両や駅にそのロゴが大きく掲げられた。

「国有鉄道」が民営化される日

　──昭和62年4月1日。この日は日本の鉄道にとって、末永く記念すべき日になることでしょう。明治5年の「汽笛一声」以来、数え切れない程の人や物を、そして文化を運んできた「国有鉄道」が民営化される日だからです。

　鉄道省の時代から日本国有鉄道へと名称・組織は変わっても、常にそれは「国家の鉄道」だったのです。この日からは「民間会社の鉄道」に生まれ変わり、「鉄道新世紀」が始まるのです。まさに「新鉄道元年」というべき「第二の誕生」なのです。──

　『交通公社の時刻表』1987年4月号「トラベルニュース」からの引用である。旧国鉄に長い時間寄り添い、そして新たにスタートするJRグループへ

昭和38年6月6日第3種郵便物認可　昭和62年4月1日発行（毎月1日発行）　4月号通巻288号　第25巻4号

JNR編集 時刻表

新旅客会社スタート
春の臨時列車ご案内

'87
4

「JR」のロゴがゴールドに輝く「JNR編集時刻表」。6色のラインはJRグループ6社のコーポレートカラー。

の時刻表からのエールである。

　この2年前、国鉄の1985（昭和60）年度の実質的な赤字額は2兆3,000億円（単年度）で、毎日63億円近くの赤字を積んだ計算だ。借金の残高は年度末には23兆6,000億円に達する見込みで、このときの国家予算（一般会計予算）は約50兆円強だったからその額がいかに膨大なものか想像できるだろう。

　退っ引きならない状況で、文字通り「抜本的な改革」が必要だった。

国鉄に突きつけられた「意見」

　1985（昭和60）年7月26日、「国鉄改革に関する意見」と題する意見書が、企業トップ、学者、バンカーなどから構成された「日本国有鉄道再建監理委員会」から中曽根康弘内閣総理大臣に提出された。2年あまりの時間をかけ、延べ130回を超える審議を重ねたという「凄みのある前置き」のあと、いまにしてみれば、「決定的な意見」が政府に提出されたのである。

　「ごー・さん・とお」の項でも触れたように、輸送需要のシェアは自動車が高まり、時間価値の高まりから航空の需要も急速に伸びてきた。だが、依然として鉄道が交通の重要な役割の担い手であるのは間違いない。こうした背景を踏まえながらも、国鉄

国鉄は最後まで企画商品やジョイフルトレインの投入など営業活性化に取り組んだ。

再建へ向けてローカル線を廃止し、バス営業や第3セクターへの転換を進めた。（左・神岡線／右・二俣線）。

の現状の経営の問題点を炙り出して改革をしなければその役割に十分に応えられないと、委員会は判断したということである。

「国鉄の経営が悪化した最大の原因は、公社という自主性の欠如した制度の下で全国一元の巨大組織として運営されている現行経営形態そのものに内在するという認識に到達し

NEW SHINKANSEN

東海道・山陽新幹線

100系電車

日本国有鉄道

国鉄末期の1985（昭和60）年、東海道・山陽新幹線の次
世代のエースとして100系が登場。新幹線初の2階建車両
で、上階の食堂車では食事とともに車窓の風景も楽しめた。

た。過去の数次にわたる再建策が
いずれも失敗に帰したのはこの問題
にメスを入れられなかったことに由
来するものである」

　辛辣な言葉、断言。そして、国鉄の
現状の下では、鉄道事業を取り巻く
環境の変化に的確に対応し、地域の
ニーズを適切にくみ上げ、これに即
応した経営の変革や生産性の向上

を自主的に進めていくことは極めて
困難だといった内容が続く。

　委員会の出した答えが「分割・民
営化」、である。

たとえ6つに分かれても……

　旅客部門は「北海道、四国、九州
の3島を分離、本州を3分割」し「6つ
の旅客会社」をつくる──いまのJR

旅客会社は6つ、その最初の提案がこれだ。大まかにいうと次のような理由で分割の提案がなされた。

1) 首都圏交通、首都圏と強い結びつきの東北地方、甲信越地方の都市間の輸送を担う東北・上越新幹線等を一体としたグループ（東日本）

2) 都市間輸送でもっとも輸送量の多い首都圏と近畿圏の二大都市圏間の輸送を担う東海道新幹線と、名古屋を中心とした中京圏の交通を一体としたグループ（東海）

3) 京阪神を中心とする近畿圏交通と、近畿圏との強い結びつきの西日本の都市間の輸送を担う山陽新幹線等及び北陸地方とを一体としたグループ（西日本）

「この場合の旅客流動のグループ内完結度は98%にも達する高いものとなっている」と委員会は分析し、さらに「北海道、四国、九州の3島については、旅客流動の地域内完結度が95% ～ 99%とこれも極めて高い」と指摘し、よって「全国6地域に分割することが適切である」ということだ。

貨物部門も切り離し別会社。その他、新幹線資産を一括管理し、本州3社に貸し付ける「新幹線保有主体」、研究所などを分ける等々。

国鉄は巨大になりすぎた。委員会は、「組織が巨大過ぎて、経営者の経営管理の限界を超えている」とも切り込む。約30万人の末端まで、組織や職員の管理を適切に行うことはむずかしく、経営者が実態を把握するのも困難ならば、経営意志を徹底

国鉄最後の日、国鉄本社から望んだ東京駅。

JR発足に向けて東京駅で行なわれた紹介展示。グループ6社のあらましやコーポレートカラーが紹介された。

国鉄晩年、民営化に向けて新たに車両開発が続いた。山手線の通勤電車でおなじみとなった205系もこの時期に登場した。

『交通公社の時刻表』でも、「4月1日 JR旅客鉄道会社 開業記念号」と銘打ち、大々的に取り上げている。

させるのも困難。加えて鉄道は地域性の高い事業なのに運賃や賃金が「画一的」で地域の交通事情に即していないこと、国鉄には実質的にライバルがいないため競争意識が働かないことなどが記されている。

　長い歴史を持つ国鉄は、その昔、私設で発展した鉄道を国有化し一元管理する時代を経て、ここに「分割」し「民営化」する道を示された。

　この答申を受けて、「日本国有鉄道改革法」など国鉄分割民営化関連8法案が成立し、1986（昭和61）年12月4日に施行された。

『交通公社の時刻表』1987（昭和62）年3月号、国鉄時代最後の時刻表の情報ページ「トクトクニュース」には、「国鉄→新会社　移行時のき

っぷ取扱い」と見出しの付いた囲み記事があった。乗客の漠然とした不安に答えたものだ。——3月31日までは国鉄、4月1日からは6つの旅客会社。3月31日までに買ったきっぷがどうなるのか…。4月以降も使えるのか…。心配はいりません。そのままでOKです（略）——。

　そしてそれを受けるように、冒頭に紹介した4月号「トラベルニュース」の続きにはこうある。

　——六つに分かれてもレールは一本につながっていますから、新幹線も夜行列車もこれまで通りに運転されます〜（略）——。

　日本国有鉄道はその使命を終え、1987（昭和62）年4月1日、JRグループが発足した。

1984（昭和59）年～1987（昭和62）年の

1984（昭和59）鉄道貨物の大改革

■ 操車場廃止、拠点間直行輸送に転換

2月1日にダイヤ改正を実施。静岡県内などで都市間を頻繁に連絡する列車を設定して利便性を高めたが、最大の動きは貨物列車だった。従来、操車場にて行き先を仕分けていた方式を全廃、すべて拠点間を往復する直行方式に改められた。これにともなって全国で54か所の操車場が廃止された。

1984（昭和59）転換による第三セクター鉄道第1号

■ 国鉄赤字線を引き継ぎ三陸鉄道開業

三陸地方の廃止候補となっていた盛線、宮古線、久慈線、そしてこの間を結んで建設中だった路線を引き受ける形で三陸鉄道が設立され、4月1日から南北リアス線として運行を開始した。三陸鉄道は岩手県などが出資する第三セクターの会社で、以後この方式による赤字線転換が続く。

1985（昭和60）新幹線開業にあわせたダイヤ改正

■ 東北新幹線上野開業、東海道・山陽新幹線も大改革

3月14日、東北新幹線の上野～大宮間開業に合わせてダイヤ改正が実施され、「やまびこ」は最高240km/h運転を開始。また、東海道・山陽新幹線も1時間あたり「ひかり」6本、「こだま」4本に増発、東京～新大阪間は最短3時間08分、東京～博多間は最短6時間26分に短縮された。

1985（昭和60）集めるのが楽しかった

■「オレンジカード」発売開始

自動券売機や自動精算機で使える国鉄の磁気プリペイドカード「オレンジカード」が開発され、3月25日から発売開始。カードの絵柄は部内のみならず一般企業でもオーダーメイドでき、愛好者の収集対象に。民営化後はJRに引き継がれ、さまざまな絵柄で発売された。写真はJR九州版。

出来事・トピックス

1985 （昭和60）新幹線初の2階建て車両

■ 東海道・山陽新幹線初のフルモデルチェンジ車

東海道・山陽新幹線は開業以来0系で運行されてきた。老朽
車両の交換もマイナーチェンジの0系で行なわれていたが、
初のフルモデルチェンジとなる100系が開発され、10月1日
から運転開始。100系には新幹線初の2階建て車両も組み
込まれていた。JRに引き継がれ、量産が続いた。

1986 （昭和61）国鉄最後のダイヤ改正

■ 民営化に向けた体制づくりのダイヤ改正

国鉄分割民営化を前に11月1日にダイヤ改正を実施。「日本
国有鉄道改革法」など関連8法可決は11月28日、公布は12
月4日だが、内容は明らかで、国鉄は前倒しで準備に入った。
編成短縮化やぎりぎりの車両増備で全国各地の特急を大増
発、東海道・山陽新幹線は最高220km/hに引き上げられた。

1987 （昭和62）新生JRグループが誕生

■ 国鉄分割民営化

官設鉄道に始まり最後は公共企業体となっていた日本国有
鉄道が3月31日をもって分割民営化、4月1日から旅客会社
6社、貨物会社1社などからなるJRグループに引き継がれた。
3月31日から4月1日にかけて東京駅をはじめ全国各地で
国鉄終焉とJR誕生に向けた記念式典が開催された。

1987 （昭和62）時刻表も体制変換へ

■ 『JR時刻表』vs『JTB時刻表』の時代が到来

国鉄分割民営化によって監修時刻表の発行体制も変わっ
た。『国鉄監修　交通公社の時刻表』は4月号から『交通公
社の時刻表』（現・JTB時刻表）に変更。弘済出版社（現・交
通新聞社）の『大時刻表』は4月号を『JNR編集時刻表』、5月
号から『JR編集時刻表』、翌年5月号から『JR時刻表』に。

鉄道と時刻表の150年
紙の上のタイムトラベル

Part 4

1988（昭和63）年〜2021（令和3）年

1988（昭和63）青函トンネルと瀬戸大橋
レールが結んだ一本列島

1992（平成4）新幹線「のぞみ」誕生
飛行機になんて負けるものか

2013（平成25）平成の時代、価値の変化
"究極の旅"と"最速の移動"

2021（令和3）走り始めて、もうすぐ150年
鉄道が守ってきたこと

新たな時代。
走り続ける鉄道に、
求められるもの。

北から南まで日本列島がレールでつながってすぐに、
時代は平成となった。
消費税導入、バブル経済崩壊、
55年体制が終わり政治の様相も変化した。
日本はまた新たな時代へ進もうとしていたが、
その後もいくつもの試練が待ち受けていた。阪神淡路大震災、
地下鉄サリン事件、リーマンショック、東日本大震災と原発事故、
そして令和になって、日本だけでなく世界中を脅かす
新型コロナウイルスの出現。だがそうした状況でも、
鉄道は人々に寄り添って懸命に走り続けてきた。
新時代の鉄道に求められる姿は？
そして、そのレールの先にある未来とは？

1988 （昭和63）

レールが結んだ一本列島

16時50分、特別塗装のEF8195号機を先頭に一番列車が
定刻どおり札幌をめざして走り始めた。

JR編集 時刻表

63.3 JR全国ダイヤ改正 '88 3

JR線は3月13日からお使いください

レールが結ぶ、
一本列島。

日本列島が鉄路で結ばれ「一本列島」が完成。あわせてダイヤ改正も実施。

「北斗星」の未体験ゾーン

　1988（昭和63）年3月14日深夜2時
過ぎ、寝台特急「北斗星1号」は青森
駅に到着。3月中旬深夜の青森だ。
車窓から見えるホームの外気温は氷
点に近い寒さだろう。

　ここでこの「北斗星」一番列車用
に連結された特別塗装のEF81形電
気機関車が、ED79形に交換される。

　寝台の上で、時刻表を眺める。

　列車名「北斗星1号」、列車番号
「1」、行先「札幌」。前日の3月13日
16時50分に上野駅を出発した一番
列車は、大宮、宇都宮、郡山、福島、
仙台、一ノ関、水沢、花巻、盛岡と早
春の東北を走破し、青森のひとつ手
前の八戸には、日が変わって0時52
分に到着、1分後に出発していた。

　時刻表上、「北斗星1号」は青森駅
を通過する「レ」マークだ。この停車
は乗客乗降がない、機関車交換の

ための「運転停車」、JR東日本から
JR北海道へのバトンタッチである。

　列車は滑り出すように青森駅を出
発。50分ほど走ると、突然走行音が
変わった。防音の整った寝台では気
付かぬほどだが、出入り口のデッキ
に立つと幌越しにゴウゴウというトン
ネル特有の反響音に包まれる。

　前日に開業した青函トンネル。愛
称「ゾーン539」、全長53.85キロの長
大トンネルは100km/hを超える速度
で走っても30分以上かかる。この一
番列車の記念資料を見ると、「地球
奥深く抱かれる未体験ゾーンです」
と書かれている。1971（昭和46）年
に起工し、17年もの歳月をかけてつ
くられてきたトンネル通過は、まさに
「未体験ゾーン」に違いなかった。

　この時期、北海道の日の出は6時
近い。明るくなった車窓を望めばも
うすぐ長万部駅だ。そこには広々と
した雪原が続いていた。上野から

本州と北海道をつなぐとい
う戦前からの構想がようや
くかたちとなった青函トン
ネル。この快挙に記念グッ
ズまで登場。きっぷは初日
の下り「北斗星」1番列車。

トンネルの全長約53.9キロから愛称「ゾーン539」。
通行証には、JR北海道の初代社長の署名入り。

運転初日、長万部
駅あたりを快走する
「北斗星」の車窓か
ら。3月とはいえ北
海道の雪は深い。

列車に乗ったまま北海道へと渡る
――青函トンネルの開通をあらためて実感した一瞬だ。

「北斗星」は国鉄時代に製造されたブルートレイン用の客車を使って運行されたが、そこには新たなサービスも盛り込まれていた。シャワー・トイレ付きの1人用A個室「ロイヤル」、リーズナブルに利用できる1人用B個室「ソロ」をはじめとする個室寝台、フルコースの夕食を楽しめる食堂車「グラン・シャリオ」など、国鉄晩年に低迷していたブルートレインのイメージを払拭するような車両が連結された。

この寝台特急デビューを契機に、再び「鉄道の旅」が見直され、時間をかけて旅を楽しむ人たちも増えた。その後の「トワイライトエクスプレス」「カシオペア」などの「豪華寝台

列車」の先駆けともなったのである。時代もよかった。このころはなんといっても1986年に始まった「バブル景気」真最中だったのだから。

8時53分、寝台特急「北斗星1号」は定刻通りに終着駅札幌のホームにすべりこんだ。

積年の巨大プロジェクト

前年4月1日、国鉄の分割民営化で誕生したJRグループは、国鉄最末期の1986(昭和61)年11月に設定されたダイヤを基本として運行してきたが、発足1年目にして国鉄時代から続けられてきた積年の巨大プロジェクトがふたつ成就し、これを基軸として1988(昭和63)年3月13日にダイヤを改正した。

成就したふたつのプロジェクトとは、青函トンネルと瀬戸大橋である。

本州と北海道は津軽海峡によって隔たれ、明治以来、青函連絡船によって結ばれてきた。ここでは貨車、そして一時期は客車の航送もあったのである。しかし、航送は気象状況によって受ける影響が大きく、また船舶への車両積み込みや積み下ろしに時間がかかり、輸送量に対する制約もあった。トンネル開通の夢は膨らむ一方だったのである。

青函トンネル開通のこの日から列車は直通運転。青函連絡船の使命をそのまま引き継ぐ津軽海峡線・青森～函館間の快速「海峡」も生まれ、青森発着だった特急「はつかり」、寝台特急「日本海」の一部が函館発着となった。そして、開通を象徴するような新設列車が寝台特急「北斗星」である。営業距離は1,200キロにおよび、16時間余りかけて結んだ。

珍しい構成の時刻表

青函トンネル開業から約1か月後の4月10日、西の巨大プロジェクト、本州と四国を結ぶ瀬戸大橋が完成。関わる列車はこの日からのダイヤ改正である。

新設の本四備讃線は、本州・宇野線の茶屋町駅と四国・予讃本線宇多津間を結び、その間にある全長約12キロの瀬戸大橋で瀬戸内海を渡る。在来路線と合わせて本州・岡山と四国・高松間を瀬戸大橋線の愛称で呼ばれている。

岡山駅出発の列車は茶屋町駅から瀬戸大橋線に入り、新幹線並みの高規格でつくられた高架線を駆けていく。本州側最後の駅となる児島を過ぎて、その先の鷲羽山トンネルを

「北斗星」が初登場した1988（昭和63）年3月号の『交通公社の時刻表』。

津軽海峡線の誕生とともに走りはじめた快速「海峡」（右）。

人気に火がついた豪華寝台列車。「トワイライトエクスプレス」もそのひとつ。

抜けたところから瀬戸大橋へと入るのだ。

海面から車両まで70メートル近い。車窓から望む瀬戸内海ははるか下。まるで空中を飛んでいるような気分にさせられる。小さな島々があちこちに浮かぶ瀬戸内海、それを縫

岡山〜高松を結ぶ本四備讃線（一部宇野線・予讃線）は「瀬戸大橋線」として親しまれている。

「一本列島」ダイヤ改正の翌年、「南風」「しまんと」として登場したTSE2000。世界初の振り子式気動車。

うように多くの航跡が続く眺めだ。列車は6分足らずで橋を渡りきった。

1988年3月号の時刻表の表紙には「JR線は3月13日からのご乗車にお使いください」と断りがあった。そしてさらに前半部には、瀬戸大橋開通前の3月13日から4月9日までの「付録」の時刻表もついていた。「この号だけの構成」である。たとえば寝台特急「瀬戸」は、4月9日までは「宇野（岡山県）行」だが、10日からは、瀬戸大橋を渡る「高松（香川県）行」である。1冊の時刻表で行き先の異なる列車がいくつもあったのだ。

JRグループが「レールが結ぶ、一本列島。」と銘打った通り、まさに日本列島が1本のレールによってつながった。そして鉄道にとって激動の時代だった昭和がまもなく終わる。

翌年は平成となるのである。

瀬戸内海を跨ぎ、本州と四国を結ぶ瀬戸大橋。通行部は2段構造で、上段が道路、下段が鉄道となっている。

1988(昭和63)年~1991(平成3)年の

1988(昭和63) 北海道と本州を結ぶ青函トンネル

■ 青函トンネル開通、寝台特急「北斗星」も誕生

3月13日、津軽海峡の海底下を通り本州と北海道を結ぶ全長53.9キロの青函トンネルが開通。青森~函館間の快速「海峡」をはじめ、上野~札幌間を結ぶ寝台特急「北斗星」なども誕生した。青函連絡船は同日も運航されたが、翌日から休航。夏季に臨時運航され、9月19日に廃止された。

1988(昭和63) ついに4島の鉄路が1本に

■ 瀬戸大橋開通

4月10日、瀬戸大橋が開通、本州と四国の鉄道もつながった。JRグループは青函トンネルと瀬戸大橋開業に向けて「レールが結ぶ、一本列島。」とした大規模なダイヤ改正を実施。宇高連絡船は4月9日限りで連絡船・ホーバークラフト廃止。高速艇は存続したが、2年後の3月に休航し、その1年後に廃止。

1989(平成元) 在来線最速130km/hをマーク

> 1989(平成元)
> 平成に改元

■「スーパーひたち」「スーパー雷鳥」が疾走

3月11日のダイヤ改正でJR東日本初の特急形電車651系がデビュー、常磐線の特急「スーパーひたち」(写真)として在来線最高の130km/h運転を開始。JR西日本も同時に485系グレードアップ車で特急「スーパー雷鳥」を新設。こちらも湖西線や北陸トンネル内で130km/h運転を実施した。

1989(平成元) 世界初の電車・気動車協調運転

■「有明」+「オランダ村特急」でデビュー

気動車と電車は制御システムが異なり、従来は協調運転をできなかった。協調運転できれば新たな列車設定の可能性が広がる。この発想から1編成だけ試作されたのが、キハ183系1000番台だ。「オランダ村特急」として4月29日から運転を開始、電化区間では電車特急「有明」と併結運転された。

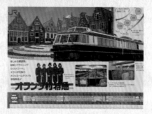

出来事・トピックス

1990 (平成2) 「あさひ」スピードアップ

■ 上越新幹線の一部区間で275km/h運転実施

3月10日から上越新幹線の200系「あさひ」が国内最高の275km/hで運転開始。下り列車2本だけ、しかも高速運転は上毛高原〜浦佐間だけだったが、上野〜新潟間を1時間36分で結び、大宮発着時代より短縮した。この速度は500系「のぞみ」誕生まで日本最高となった。

1990 (平成2) リニアメトロのさきがけ

■ 大阪市営地下鉄の鶴見緑地線で初採用

リニアモーターは直線運動するモーターのことで、用途は超高速列車だけではない。車輪とレールで車両を支える方法もあり、それを活用したのが3月20日に開業した大阪市営地下鉄(現・大阪メトロ)の鶴見緑地線(現・長堀鶴見緑地線)だ。のちに東京都交通局の大江戸線などでも採用された。

1991 (平成3) 磁気カードでかんたん精算

■ 「イオカード」発売開始

「イオカード」はJR東日本が3月1日から導入した磁気式乗車カード。自動改札機にカードを通せば運賃が自動精算される方式で、ストアードフェアシステムと呼ぶ。日本初導入のイオカードに続き、関東私鉄の「パスネット」、関西地区の「スルッとKANSAI」「Jスルーカード」なども登場した。

1991 (平成3) 起工20年、悲願の東京駅発着

■ 東北・上越新幹線、東京開業

6月20日、東北新幹線の東京〜上野間が開業、東北・上越新幹線は東京駅発着で運行されるようになった。ただし、当初は1面2線のホームしかなく、上野駅発着列車も多かった。使用電力や信号システムの違いにより東海道・山陽新幹線との直通運転はできず、東京駅の線路は分離。

1992 （平成4）

新幹線「のぞみ」誕生

飛行機になんて負けるものか

当時日本最速を誇る300系新幹線「のぞみ」が1992年3月のJR全国ダイヤ改正にあわせてデビュー。新幹線の新時代が幕を開けた。

新大阪
8:30

東京〜新大阪、2時間半

　新幹線には高速鉄道という使命がある。

　それは航空機や高速バスなどほかの交通機関に対して、「競争力」を持つということに他ならないが、なぜ速くなくてはならないのだろうか。

　人々が「移動の効率化」を求め続

けるからだ。

　いつの時代も、移動する人々、そしてそれを提供する人々にとって、「移動の効率化」とは永遠に追い求めるテーマなのである。

　日本経済を支える2大エリア、東京～大阪間を移動する場合、新幹線を使うだろうか、航空機を使うだろうか？　東京駅発か羽田空港発か、新大阪駅着か、大阪伊丹空港着か。よく取り上げられる比較だ。

63) 年1月に「新幹線速度向上プロジェクト委員会」を立ち上げた。目標は2時間52分で結んでいた東京～新大阪間を「2時間半」とすることだ。これなら新幹線はさらなる競争力を身につけられる。空港アクセスを加味した航空機に対抗できると踏んだのである。

　国鉄の分割民営化後、JRグループは時を同じくして活況を見せた"バブル景気"の後押しもあり、その経営

「のぞみ」に乗れば大阪朝9時の会議に間に合う！

「のぞみ」は東京～大阪間2時間半を実現。運行時間が正確で、目的地までの乗り換えも便利なのでビジネスに重宝。

新横浜
6：16

東京
6：00

　1964 (昭和39) 年に登場した東海道線新幹線「ひかり」は、東京～新大阪間を4時間で結び、1年後には当初の予定通り3時間10分に。その時代は長く続き、22年後の1986 (昭和61) 年には最短2時間52分まで短縮した。開業当時と比べれば1時間8分も早く到着できるようになった「ひかり」はたしかに「移動の効率化」に応えてきた。

　だが、東海道新幹線を運営するJR東海は、発足後間もない1988 (昭和

は順調に推移していった。国鉄から引き継いだ車両を活用しながら、各社の未来を見据えた新車開発も軌道にのり、1990年代には次々と新たな顔ぶれがデビューしていったのである。

名古屋に停まらない？

　1992 (平成4) 年。28年もの間、東京～新大阪間の主役だった「ひかり」に代わって新時代の列車が誕生した。

東海道新幹線28年目の「大革命」、それが「のぞみ」である。

　この新列車は計画中、「スーパーひかり」とも呼ばれていたが、「ひかり」よりも速い別の列車であること、そして別枠の料金体系も導入することなどから外部有識者の意見も交えて「のぞみ」と命名された。有識者の中には、鉄道好きで知られる作家の阿川弘之や斎藤茂太らも名を連ねている。

　1992年。バブル崩壊が進行し景気後退中ではあったが、年初から角界では19歳5か月の貴花田の史上最年少優勝、揃って100歳を迎えた双子姉妹のきんさんぎんさんブーム、バルセロナ五輪、夏の甲子園には松井秀喜登場、毛利衛がスペースシャトルで宇宙へ行くなど、明るいニュースも多かった。そんななかで、「のぞみ」

の運転開始も間違いなく大きな出来事だった。

　3月14日、東海道新幹線・最高速度220km/hを一気に270km/hまで高速化した「のぞみ」が運転を開始した。

　運転開始時は、車両数が少なかったこともあり、朝夕わずか2往復の運転。そのうち「のぞみ301号」は、東京を出発すると新横浜のみに停車

し、新大阪までノンストップという設定だった。

　名古屋はJR東海の本社所在地でもある。「JR東海は膝元の中京圏を無視するのか」、ということで「名古屋飛ばし」とも揶揄され大きな問題になったが、需要に配慮したというより夜間に行なわれる線路保守の制約もあり、技術的にやむを得ない選択だったと聞かされた。ほかの3本

富士川を渡る東海道新幹線の300系「のぞみ」。1964（昭和39）年の新幹線開業当初は210km/h運転だったが、300系で270km/hとアップした。

は、新横浜には停車せず、名古屋・京都に停車する形をとって、コトはなんとか収まったのである。

最高速度270km/hの衝撃

　東京駅を6時ちょうどに出発する「のぞみ301号」は、新大阪駅に8時30分着。所要時間2時間半を達成し、東京のビジネスマンが大阪で開かれる朝一番の会議に間に合うというスタイルを実現させたわけである。

　当時の「のぞみ」は全車指定席での運転。新幹線は当初全車指定席でスタートしたが、「こだま」は1965（昭和40）年、「ひかり」は1972（昭和47）年に自由席が導入され、それ以来久々の全車指定席列車である。運転当初は早朝にも関わらずすべての出入り口に係員が立ち、指定券のチェックと案内を行なっていた。

　最高速度270km/h運転の新型車両300系の特徴はさまざまあった。新しいモーターと新しい制御方法。空気抵抗を減らすため、屋根の高さを新幹線第二世代の100系よりも下げた。それまで採用されていた窓まわりの青い塗り分けを300系では窓下のラインに変更したデザインは新鮮だった。そして0系、100系のイメージを大きく覆す先頭部。車体裾に向かってずいっと伸ばしたフォルム。「のぞみ」のデビューに合わせてJR

「のぞみ」は1992（平成4）年、300系の登場から、次々と進化を続けた。その名のとおり次世代に希望をつなげてきたのだ。初代「のぞみ」300系（上段左）→500系（上段右）→700系（中段左）→N700系（中段右）→N700A（下段左）→N700S（下段右）。

東海が流したテレビCMには小学生らしき6人の子どもたちが登場する。そのなかのひとりが新しい新幹線を目撃し、その目撃談を信じない仲間たちと、真実かどうかを品川の新幹線車両基地と思われる場所に確かめに行く設定だ。新幹線電車として長く活躍した0系が並ぶなか、「シャークノーズ」として親しまれたスマートな100系がスーッと後退していくその向こうに、300系が姿をあらわし、その「未知のフォルム」に子どもたちは驚き見とれるのだ。それほど「のぞみ」のインパクトは強かった。

そして鉄仮面のような「のぞみ」がこちらに向かってくる映像をバックに、「1992年3月『のぞみ』誕生　東京－新大阪　2時間30分」というキャッチ・コピーが映し出される。それを見て、今度は大人も驚き、たしかに新時代を感じたはずだ。

現在の東海道新幹線東京〜新大阪間の最短所要時間は、2020年3月から始まった「2時間21分」。20年弱の時間経過のなかで、わずか9分の短縮にとどまっている。それほど300系「のぞみ」はエポック・メイキングな存在だったのである。

1992 （平成4） 前代未聞の名古屋・京都通過

■ 300系「のぞみ」誕生

100系の次世代を担う新幹線車両として開発されたJR東海の300系が3月14日から列車名も新たに「のぞみ」として運転を開始。最高270km/hで運転されたが、朝一番の下り「のぞみ」は途中、新横浜に停車するだけで名古屋・京都を通過、東京～新大阪間を2時間30分で結んだ。

1992 （平成4） 「ミニ」だけど利便性は大きい

■ 在来線の改軌で新在直通運転を実現

7月1日、山形新幹線開業。「つばさ」が東北新幹線に直通して東京～山形間を結ぶ。山形新幹線は在来線（奥羽本線）の軌間を新幹線に揃えて改軌、列車を直通運転させる「ミニ新幹線」。在来線区間の速度は変わらないが、乗り換えなどがなくなり利便性向上。のちの秋田新幹線もこの方式を踏襲。

1994 （平成6） 新幹線通勤ブームを支える救世主

■ 初のオール2階建て新幹線E1系登場

新幹線の通勤・通学利用が増えてきたため、JR東日本では大量輸送を目的にオール2階建て新幹線E1系を開発、7月15日から「Maxやまびこ」などとして運転を開始した。編成あたりの定員は従来車両の約1.4倍。3年後には改良型のE4系も登場。こちらも列車名に「Max」を冠して運用。

> 1995 （平成7）
> 阪神淡路大震災

1997 （平成9） 最高300km/hで鮮烈デビュー

■ 山陽新幹線500系「のぞみ」運転開始

JR西日本も次世代を担う新幹線として500系を開発、3月22日から山陽新幹線限定で「のぞみ」として運転。最高300km/h、新大阪～博多間は300系「のぞみ」より20分短縮の2時間17分で結んだ。同年11月29日からは東海道新幹線に乗り入れ、東京～博多間が4時間49分に。

出来事・トピックス

1997 (平成9) 当初は「長野行新幹線」

■ 北陸新幹線東京〜長野間開業

翌年の長野五輪に先駆け10月1日に北陸新幹線東京〜長野間が開業。当初は「長野行新幹線」などと案内、やがて「長野新幹線」と定着。この開業によって在来線最急66.7‰勾配のあった信越本線横川〜軽井沢間を廃止。また、軽井沢〜篠ノ井間はJR東日本から、しなの鉄道に転換された。

1998 (平成10)
長野オリンピック

1998 (平成10) ブルートレインが消えていく……

■ 寝台特急「サンライズ出雲・瀬戸」運転開始

夜行列車が減衰する中、新たな需要を掘り起こすべく開発された285系寝台電車。時代に合わせて寝台はすべて個室としたが、リーズナブルに利用できるカーペット敷き「ノビノビ座席」も用意。ブルートレイン「出雲」「瀬戸」を置き換え、7月10日から「サンライズ出雲・瀬戸」として運行開始。

2001 (平成13) スイスイ行けるその名もSuica

■ ICカード乗車券「Suica」実用化

ストアードフェアシステムの導入が進み、カードも磁気式から非接触IC式へと進化。日本各地で独自のカードによる小規模な導入が始まったが、11月18日にはJR東日本の首都圏で「Suica」サービスも開始。2006(平成18)年には機能をスマートフォンに搭載した「モバイルSuica」も登場。

2002 (平成14)
日韓ワールドカップ

2002 (平成14) 段階的にスピードアップ

■ 北越急行で在来線160km/h運転開始

北越急行ほくほく線(六日町〜犀潟間)は1997(平成9)年の開業以来、越後湯沢〜北陸間の短絡ルートとしてJR直通の特急「はくたか」を運転。同線内では開業時から日本の在来線最高140km/h運転を実施し、1998(平成10)年から150km/h、2002(平成14)年から160km/hにさらにアップ。

2013 <small>（平成25）</small>

"究極の旅"と"最速の移動"

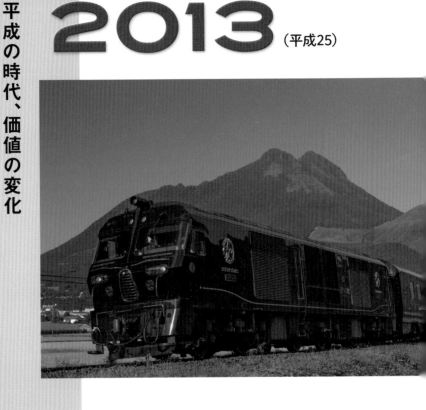

「ななつ星in九州」の名は九州7県、7つの観光素材（自然・食・温泉・歴史文化・パワースポット・人情・列車）、7両編成に由来。

時刻表なんていらない?

　時刻表は、文字通り「時刻」を載せ、出発時刻や到着時刻を確認するだけでなく、ある列車を点だけでなく線で追ったり、俯瞰して眺めて横の列車と比較したりと、垂直だけでなく平行方向にも使う。その他、駅の情報や観光情報、広告も含めて、いわゆる「鉄道全般のさまざまな情報が考えられる限界まで凝縮してあるメディア」であることに間違いない。時刻表を使えば「空想の旅」さえできる。

　だが、時刻表のメインの情報は、やはり「時刻」である。

九州の雄大な自然の中を走るクルーズトレイン「ななつ星in九州」。それぞれの土地で歴史や文化、食などを楽しめる。木を基調とした洗練された落ち着きのあるインテリアでゆったりとくつろげ、鉄道の旅が快適に。

その時刻というものを乱暴に言えば「忘れて」、気にせずに鉄道の旅を楽しもうという列車が現代にはある。ひたすら「移動の効率化」を求め、また求められてきた鉄道にとって、それは「対極にある存在」と言えるのかもしれない。

2013（平成25）年にデビューしたクルーズトレイン「ななつ星in九州」は、JR九州が運行する寝台列車である。

この列車に自由席などはない、すべて1泊から3泊といった日程で旅行商品として利用する。プライスも飛びきりで、料金表には100万円以上（一人分料金）の金額も目に入る。

「クルーズ」と聞いて誰もが思い出すのは大型客船のイメージだろう。だがラグジュアリーで本格のクルーズは、比較的小型の客船に乗ってその土地のさまざまな魅力、自然や文化、歴史を、船員の数よりも少ない小人数で楽しむものだ。

「ななつ星in九州」のDXスイート。最後尾DXスイートAは、一面に施された車窓の景色を独占できる。

「ななつ星in九州」はその列車版である。

列車を基点に旅する形

和洋、新旧融合の洗練された空間で1両に2部屋だけという「DXスイート」をはじめ、列車とはとても思えぬ客室の車窓から「一期一会」の情景を眺め、その豪華な客室を基点に、九州を旅する。ダイニングカーでは九州の山海の幸を存分に盛り込んだ食事が供され、ラウンジカーではピアノの生演奏も添えられくつろぎの時間が提供される。魅力的な観光地の最寄り駅に到着すると、列車から降りてさまざまなスポットに直接触れることも用意されている。宿は列車であったり、高級旅館だったりと、まさに贅沢極まりない「クルーズ」である。列車は単なる移動手段ではない。乗って楽しむことが前提なのである。

色鮮やかな紅葉のなかを駆け抜ける「ななつ星in九州」（野矢〜豊後中村）。「美しさを楽しむ列車」とも呼べそうだ。

日本のクルーズトレインは、青函トンネル開通の翌年から大阪〜札幌間で運行を開始した「トワイライトエクスプレス」あたりが草分けと言えるだろう。当初はすべてがパッケージツアーとして販売され、北海道ではさまざまなアクティビティが用意されていた。編成が増備されたところから臨時寝台特急として運行されるようになったが、最初は、それこそ時刻表に掲載されない「幻の列車」だっ

たのである。

その後、乗ることそのものを楽しむ列車は数多く登場しているが、車両からサービスに至るまで「ななつ星in九州」のこだわりは別物だ。

究極の列車旅をめざしたJR東日本の「TRAIN SUITE 四季島」、JR西日本の「TWILIGHT EXPRESS 瑞風」なども後に続いた。

鉄道利用の「もうひとつの形」がここにある。

引退した「トワイライトエクスプレス」の伝統を引き継ぐ「TWILIGHT EXPRESS 瑞風」。四季折々の山陰・山陽エリアを旅する。ラウンジカーでは立礼式のお茶会「瑞風茶会」によるおもてなしも。

「TRAIN SUITE 四季島」は、上野駅発着で、北海道や東日本エリアを巡るクルーズトレイン。先頭と最後尾に配された展望車は、優しいグリーンの絨毯に独創的な形の車窓で先鋭的なデザイン。

速さを忘れてなんかいない

　一方で、鉄道は「移動の効率化」を忘れているわけではない。「ななつ星in九州」が走り始めた年、2013（平成25）年3月16日、東北新幹線E5系「はやぶさ」で320km/h運転が始まった。新幹線にとって極限ともいえる営業運転速度だ。こちらの主役はこれまで通り「時刻」である。

　300km/hという速度は、東海道新幹線開発当時には「レールを走る限界速度」とまでいわれた。しかし、1997（平成9）年から山陽新幹線の500系「のぞみ」が300km/h運転を開始し、さらに今世紀に入ってN700

系も続いた。そしてこのE5系「はやぶさ」も2011（平成23）年デビュー時から宇都宮〜盛岡間を最高速度300km/hで走っている。多くの人々が「体験済み」の速度であるにしても、300km/hである。それをはるかに上まわる320km/h。

　体感できるのだろうか？
「はやぶさ5号」は東京を8時20分に出発。

　上野は停まらず、次の停車は大宮だ。当時は東京〜大宮間を最高110km/hで走行していた。併行して走る埼京線と大差ない。E5系新幹線は快適に走行している。
「はやぶさ5号」が新幹線らしい運転

国内最高の運転速度320km/hを達成したE5系新幹線「はやぶさ」。騒音や揺れ
を抑えた設計で乗り心地も追求している。スピード感のあるはやぶさマークが目印。

となるのは、8時44分に大宮を出発
してからだ。東北新幹線と上越新
幹線の分岐点まで進むとかなりの高
速になる。この区間では275km/hと
なったところで一旦定速走行。

宇都宮を通過したところから、速
度が上がり、誰もが「未知」だった
320km/h運転が始まる。

揺れや走行音は従来と大差はな
い。窓の向こうの「一期一会」どころ
ではない疾風の情景から、その猛烈
な速度を知ることはできる。しかし
いまたしかに出ているはずのスピー
ドを乗客は気づくことなく、快適な乗
り心地を保ったまま、「はやぶさ5号」
は、東京を出発してから1時間31分

後、仙台に9時51分到着。

乗客はこの仙台でようやく320km/h
運転の実力を思い知る。その「時刻」
に圧倒されるのである。

新青森に11時19分到着。東京か
らの所要時間は2時間59分。

平成もずいぶんと年を重ねたこの
ころ、時代の加速の仕方は、ときに
ゆっくりと、ときに限界まで速く、あき
らかに異なる色合いが生まれた。
人々にとって「時刻」の意味がますま
す多様化し、鉄道の在り方もまた変
わった。

「究極の旅」と「最速の移動」——こ
のふたつは、日本の鉄道の新たな可
能性を探るキーワードなのである。

2011(平成23)年〜2020(令和2)年の

2011(平成23) 東日本大震災の翌日に粛々と

■ 九州新幹線鹿児島ルート全通

九州新幹線鹿児島ルートは2004(平成16)年に新八代〜鹿児島中央間で先行開業、2011(平成23)年3月12日に博多〜新八代間も開通して全通。この日から山陽新幹線と直通運転、新大阪〜鹿児島中央間の「みずほ」などが誕生。ただし、前日に東日本大震災が発生、祝賀は自粛され質素に。

2011(平成23)
東日本大震災

2012(平成24) ドーム屋根も見事に復活

■ 東京駅丸の内駅舎復原

東京駅丸の内駅舎は2003(平成15)年に「東京駅丸ノ内本屋」として国の重要文化財に指定。この駅舎は戦災復旧などで原形を失っていた部分もあり、JR東日本は創立20周年となる2007(平成19)年から耐震化と原形への復原工事に着工。2012(平成24)年に工事が終了、10月1日に全面開業。

2013(平成25) 日本最速320km/h運転開始

■ 東北新幹線E5系「はやぶさ」がスピードアップ

3月16日から東北新幹線でE5系「はやぶさ」が日本最高の320km/h運転を開始した。E5系は2011(平成23)年3月5日にデビュー、列車名も新たに「はやぶさ」として東北新幹線初の300km/h運転を開始。その直後に東日本大震災が発生、復旧状況を判断しての速度向上となった。

2013(平成25) SuicaもICOCAもどこでもOK

■ 交通系ICカードの全国相互利用サービス開始

2001(平成13)年のJR東日本「Suica」以降、JR北海道「Kitaca」、JR東海「TOICA」、JR西日本「ICOCA」、JR九州「SUGOCA」、関東私鉄「PASMO」、関西私鉄「PiTaPa」など独自にICカード乗車券を導入。3月23日から11団体の交通系ICカード全国相互利用サービスを開始。

出来事・トピックス

2013 (平成25) クルーズトレインの時代到来

■「ななつ星in九州」運転開始

10月15日、JR九州の「ななつ星in九州」がデビュー。列車は個室寝台車、食堂車、ラウンジカーなどからなり、すべてツアーとして運行。JR東日本「TRAIN SUITE 四季島」、JR西日本「TWILIGHT EXPRESS 瑞風」なども次々と登場、クルーズトレインとしての新たな鉄道の魅力を提供。

2015 (平成27) 本来の北陸新幹線として

■ 長野新幹線を延伸。北陸新幹線金沢開業

3月14日、北陸新幹線の長野〜金沢間が延伸開業、東京〜金沢間で運転。上越妙高駅を境に東京側をJR東日本、金沢側をJR西日本が運営、車両も両社で用意し相互直通のスタイル。長野時代は「あさま」だけだったが、新たに「かがやき」「はくたか」「つるぎ」も登場。写真は金沢駅。

2016 (平成28) 青函トンネルのその先へ

■ 北海道新幹線新函館北斗開業

3月26日、北海道新幹線が新青森〜新函館北斗間で先行開業。列車は東北新幹線「はやぶさ」「はやて」が直通運転する。途中、在来線として開通した青函トンネルを通る。この間は在来線と新幹線が併用する構造に改修されたが、新幹線開業後、通過する在来線列車は貨物列車だけとなった。

> **2019** (令和元)
> 令和に改元

2020 (令和2) ウィズコロナ時代を模索する鉄道

■ コロナ禍で非常事態宣言

新型コロナウイルス感染症の世界的な大流行により前代未聞の対応が迫られ、日本の鉄道各社も消毒や換気などさまざまな対策を講じた。政府の緊急事態宣言は4〜5月だったが感染収束には至らず、その後もコロナ対応が続いている。鉄道各社では運行本数の削減や編成短縮なども実施した。

2021 （令和3）

走りはじめて、もうすぐ150年

鉄道が守ってきたこと

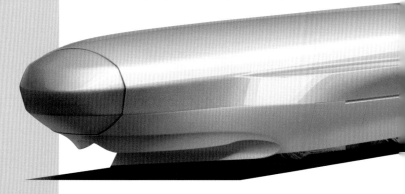

E956形式新幹線試験電車「ALFA-X」の1号車（上）と10号車（下）。10号車はノーズが約22メートルと1号車より約6メートル長く、騒音や振動を抑える設計。

鉄道はもっと速くなる

　320km/hの「はやぶさ」が走る時代は、平成から令和となった。

　JR東日本では次世代新幹線開発の試験車両として、2019（令和1）年にE956形を完成させた。「Advanced Labs for Frontline Activity in rail experimentation（最先端の実験を行うための先進的な試験室）」というコンセプトから頭文字をとった「ALFA-X」

　の愛称も付けられている。

　さらなる安全性と安定性の追求、快適性能、環境性能の向上、メンテナンスの革新といったテーマが「ALFA-X」には盛り込まれ、この年の5月からは東北新幹線などを使った走行試験も始まった。

　東北新幹線の「その先」はもちろん北海道。すでに2016（平成28）年には、新青森〜新函館北斗間で部分的に開業、東北新幹線と直通する形で運転が始まった。そして2030年にはついに札幌まで伸びる予定だ。

　各拠点間の移動の重責を担うのはもちろんだが、新幹線は首都と各拠点を結ぶことにも期待が寄せられている。国土交通省鉄道局の試算では、北海道新幹線を最高260km/hで走らせられれば、東京〜札幌間の所要時間は5時間1分。さらに盛岡〜札幌間で320km/h運転が実現したら4時間33分で走りきることも可能だという。さらなる高速化によって需要も増え、一層の投資効果が見込めるという試算だ。

　そして「ALFA-X」には360km/hの

営業運転の可能性を探る使命も与えられているのである。

ただレールと車輪を使う高速化には技術的限界がある。それを超える試みとして、国鉄時代からリニアモーターカーの開発が進められてきた。リニアモーターとは回転運動ではなく直線運動するモーターで、車輪の回転を通じて推進するのではなく、直接車両を推進させるかたちで活用するものだ。

車体を車輪で支えつつリニアモーターで運転する車両は、すでに都営大江戸線をはじめ各地で実用化されているが、JR東海がめざしているのは超電導磁気浮上式だ。高速走行時は車輪とレールの摩擦をなくし、500km/hという超高速走行が安定して可能となる。すでに中央新幹線として東京〜大阪間の建設が計画され、東京〜名古屋間は先行開業を

めざして工事が進められている。

鉄道はもっと速くなるのだ。

鉄道はもっと拡がる

そして鉄道はさらなる拡がりを見せる。

一口に鉄道と言っても、その役割は多様だ。同一の線路を活用しながら役割に応じた列車を走らせているケースもあれば、インフラ全体をその役割に特化しているものもある。

明治から令和まで、国有鉄道、国鉄、そしてJRを中心に振り返ってきたが、鉄道活用の重要な例となる都市交通では、地上や高架を走る一般的な鉄道のほか、地下鉄、LRT（路面電車）、AGT（新交通システム）、モノレールなどもある。

いつの時代も、鉄道は「建設中」だ。

現在も福岡市営地下鉄七隈線や関西高速鉄道なにわ筋線、新たな

リニア地下鉄（横浜グリーンライン）

山梨リニア実験線を疾走するL0系（大）。その改良型が2020（令和2）年から試験走行開始（小）。

LRT（宇都宮ライトレール）

LRT（広島電鉄）

AGT（ゆりかもめ）

AGT（神戸ポートライナー）

モノレール（千葉都市モノレール）

　LRTとして宇都宮市内を走る宇都宮ライトレールも開業をめざしている。

　LRTはわかりやすくいうと「次世代型路面電車システム」。道路交通の妨げになるとされて、路面電車は昭和30年代から全国で撤去が進んだ。だがLRTは「自動車と戦っていた」あのころの路面電車とは異なる。排出ガスはなくCO_2削減にも貢献できる。低床式の車両は乗降にやさしく、快適に移動できるなどすぐれた特長をもち、走るところも柔軟に選べる可能性も高い。導入コストも安い。

　一般の鉄道は、より高いエネルギー効率をめざし、さらにメンテナンスフリーで維持コストも軽減する車両の開発が進み、保安設備のさらなる進化も続いている。電化していない路線では、自動車のようにハイブリッド方式の車両が実用化されて排出ガス低減も進められているのだ。

それでも走り続ける

　2020（令和3）年から、新型コロナ
ウイルスが地球を脅かしている。

　あらゆる国、地域で猛威を振るう
この病に対抗すべく、人々は「移動し
ない生活」を模索し始めた。時代は
すでに世界中をオンラインで結び、
あらゆる情報が行き来している。ど
こかのSFの世界で表現されてきた
「人々が実際に移動してつながりを
持つことは極めて贅沢」という概念
が現実のものとなりつつある。

　日本の鉄道もコロナ禍で新たな対
応を余儀なくされたが、それでも走り
続けている。

　鉄道は私たちの生活に欠かせない
重要なインフラのひとつなのである。

＊

　日本に鉄道が走り始めて、2022年
で150年になる。

　未来のリニアモーターカーは別と
して、鉄道はレールに案内されるか
たちで列車として走行する。長大な
列車を編成すれば大量輸送が可能
で、土地の占有面積当たりの輸送力
は自動車に勝る。レールの上を鉄の
車輪で走行するため、走行抵抗も少
なくエネルギー消費も少ないので、

総合的なCO_2排出量も抑えられる。
安全性、定時性、高速性などにもす
ぐれている。

　一方、線路や停車場などは専用の
施設となり、建設には巨額の費用が
かかり、また維持費も大きい。車両
も同様だ。大規模な保安設備も不
可欠である。つまりシステムとして相
応の輸送量が見込めないと採算がと
れない面がある。

　鉄道はこうした長所を活かしつ
つ、また短所を補いながら進化して
きた。

　いま日本を走る鉄道の姿は、一朝
一夕になし得られたわけではなく、お
よそ150年という途方もない時間を
かけてできあがっている。そして、さ
まざまな問題も限界も足踏みもあっ
たが、できるかぎりフレキシブルに時
代と寄り添いながら走ってきた。

　鉄道の未来はどうなるのだろう？

　歴史から学べる何かはあるのだろ
うか？

　150年の時代のなかで、日本の鉄
道はたったひとつ守り抜いたことが
ある。

　それは「夢」を持ち続け、「夢」を
叶えてきた事実である。

　そしてその「夢」は、未来に続く。

時刻表から読み解く「スピードの歴史」

「旅」か「移動」か。
東京〜大阪間、その所要時間

人々の暮らしの変化に合わせ、鉄道はその速度を上げてきた。
そして鉄道の速度が上がると、人々の暮らしも形を変えた。
東海道新幹線「東京〜新大阪間の所要時間」は、いまや最短2時間21分。
130年余り前、東海道本線が全通したころは、約8倍の時間が……。

1889（明治22）
新橋〜大阪

東海道本線全通となった1889（明治22）年7月1日、新橋〜神戸間に1往復の直通列車が設定された。大津〜京都間の旧線には25‰の急勾配があり、強力な1850形などで運転された。

18時間52分

1906（明治39）年4月16日から新橋〜神戸間の「最急行」1往復を運転開始。最高85km/hというアメリカ製6400形（写真）やイギリス製6200形などが活躍した。

1906 （明治39）
新橋〜大阪
12時間48分

弥次喜多時刻表・到着予想時刻

　十返舎一九の滑稽本『東海道中膝栗毛』はご存じの通り、神田八丁堀に住む栃面屋弥次郎兵衛と居候の喜多八が、江戸から伊勢神宮参詣、京大坂へと旅する物語だ。弥次さんと喜多さんは、お江戸日本橋を夜明けに発って東海道を西へ向かう。

　ふたりが明け六つ、6時ちょうどに出立したとしよう。茶店で休んだり、立ち止まったり、馬に乗ったりという細かいことには目をつぶり、のんびり歩く道草道中の歩行速度を平均4km/hで計算すると、最初に宿をとる戸塚までの各宿の「弥次喜多時刻表・到着予想時刻」は以下の通りである（カッコ内は『東海道中膝栗毛／仙洞隠士訳／盛陽堂書店1917年』記載の日本橋からのおおよその距離）。

　品川宿（二里・約7.9キロ）には8時になるかならないかぐらい。川崎宿

（四里十八町・約17.7キロ）到着は10時25分前後で、ふたりはここで早い昼食をとるから、この後は1時間をプラスしよう。神奈川宿（七里・約27.5キロ）を13時52分ごろに通過。程ケ谷宿（＝保土ケ谷・八里九町・約32.4キロ）に15時06分ごろ。この宿では旅籠の客引きに呼び止められているので、計算にさほどズレはなさそうだ。そして初日の目的地・戸塚宿（十里二八町・42.3キロ）に17時35分あたりに到着。

　現代の東海道新幹線、6時00分東京発博多行「のぞみ1号（N700A）」は、弥次さん喜多さんがそろそろと歩き始めたであろう6時06分に品川到着。ふたりが京橋あたりを通過するかしないかほどの6時17分新横浜に到着。愛宕山や増上寺を眺めていそうな時分に名古屋到着7時34分。ふたりが品川に着いた直後ほどの8時08分に京都到着。そして8時22分に新大阪到着。その後、「のぞみ

1912 （明治45）
新橋〜大阪
11時間55分

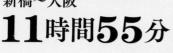

1912（明治45）年6月15日、日本初の「特別急行」が新橋〜下関間に誕生。列車の最後尾には展望車も連結する豪華編成。機関車も新鋭機で所要時間を短縮。

1926 （大正15）
東京～大阪
11時間00分

関東大震災から3年後の1926（大正15）年8月15日、復旧完了や東京～国府津間の電気機関車運転でダイヤ改正を実施。写真はイギリス製EF50形。

1930
（昭和5）
東京～大阪
8時間20分

1930（昭和10）年10月1日、東京～神戸間に戦前最高速の超特急「燕」が誕生。当初はC51形に補助水槽車も連結していたが、2年後に使用取り止め。

1956 （昭和31）
東京～大阪
7時間30分

1956（昭和31）年11月19日、東海道本線の全線電化が完成。特急「つばめ」「はと」は全区間でEF58形電気機関車の直通牽引となり、所要時間は約30分短縮。

1号」は、弥次さん喜多さんが昼をいただいている最中の10時52分に終点博多に滑り込む。

奇策。走行中の機関車乗務員交代

　江戸と令和の「時代の差・時間の差」は事程左様に大きい。だがもっと驚かされるのは、『東海道中膝栗毛』が初刷された1802（享和2）年の

1960 （昭和35）
東京〜大阪
6時間30分

1958（昭和33）年から電車特急も登場。徐々にスピードアップ。東京〜大阪間は1960（昭和35）年6月1日から6時間30分となった。

わずか87年後、1889（明治22）年7月1日、東海道本線が新橋から神戸まで全通したことである。このときに運転された直行列車は新橋〜大阪間を18時間52分で駆け抜けた。

東海道本線は一気に開通したわけではないが、この全通によって、弥次さん喜多さんが伊勢神宮経由とはいえ大坂までに要したとされる13日間を、1日で移動できるまでに短縮したのである。

当時、官設鉄道と呼ばれた国鉄は、東海道本線全通に向けてイギリスから新型の蒸気機関車を輸入していた。1,372ミリの大動輪を2軸備えたテンダー式機関車で、最高75km/hで運転できる高速性能を持っていた。この機関車はのちに5300形となったが、成績が優秀だったことから、これを踏襲したスタイルの機関車が次々と導入され明治後期の標準型となったほどだ。

その後、東海道本線の複線化が進められるとともに、主要駅だけに停車する列車が登場し、所要時間はぐんぐんと短縮されていく。1896（明治29）年に「急行」、その約10年後に「最急行」。16年後の1912（明治45）年に登場した「特別急行」の東京〜大阪間の所要時間は11時間55分。東海道本線はそれまでに全線複線化が完成し、さらに機関車も最高速度90km/hという大型の8850形などが導入されて、運行体制が大きく改善されたのである。

1925（大正14）年には、東京〜国府津間でついに電気機関車が登場、翌年のダイヤ改正で11時間ちょうどに。さらに所要時間を8時間20分と飛躍的に短縮させたのは、1930（昭和5）年に登場した超特急「燕」だ。

当時の時刻表を眺めてみると、東京を9時ちょうどに出発し、各駅の出発時刻は横浜9時27分、国府津10時10分、名古屋14時34分、大垣15時12分、京都16時44分。そして大阪に17時20分着。三ノ宮にも停車し、終点神戸に18時ちょうど着だった。

蒸気機関車C51形／C53形が牽引したが、当初は国府津〜名古屋間ノン

1965 ３時間１０分
（昭和40）
東京〜新大阪

1964（昭和39）年に開業した新幹線は慣らし運転のため「ひかり」でも東京〜新大阪間4時間とされたが、翌年11月1日から当初計画の3時間10分に。

ストップ。その間機関車乗務員が1号車の荷物室に待機している交代乗務員と炭水車を乗り越えて「走行中に交代する」という奇策をやっていた。スピードへの執念、恐るべしである。

そして東海道新幹線が歴史を刻む

　戦後の1956（昭和31）年、東海道本線は全線が電化され、東京〜大阪間の特急「つばめ」「はと」の所要時間は7時間30分。このときはEF58形電気機関車が客車を引っ張った。やがて長距離列車にも電車が導入され、1960（昭和35）年6月からは6時間30分にまで短縮した。151系電車特急の「こだま」など、これが「在来線での最速」と記録されている。

1992 （平成4）
東京〜新大阪
２時間３０分

1992（平成4）年3月14日、最高270km/hの300系がデビュー。列車名も新たに「のぞみ」と命名され、東京〜新大阪間を2時間30分で結ぶようになった。

ここまで速くなった! 東海道本線・東海道新幹線の所要時間比較

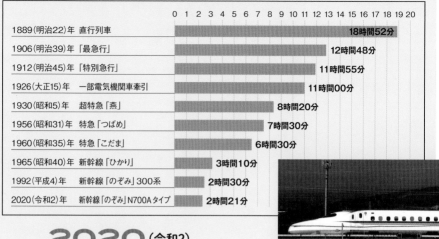

		所要時間
1889(明治22)年	直行列車	18時間52分
1906(明治39)年	「最急行」	12時間48分
1912(明治45)年	「特別急行」	11時間55分
1926(大正15)年	一部電気機関車牽引	11時間00分
1930(昭和5)年	超特急「燕」	8時間20分
1956(昭和31)年	特急「つばめ」	7時間30分
1960(昭和35)年	特急「こだま」	6時間30分
1965(昭和40)年	新幹線「ひかり」	3時間10分
1992(平成4)年	新幹線「のぞみ」300系	2時間30分
2020(令和2)年	新幹線「のぞみ」N700Aタイプ	2時間21分

2020(令和2)
東京〜新大阪
2時間21分

2020(令和2)年3月14日改正で東海道新幹線はN700Aタイプに統一、東京〜新大阪間は平均2時間29分、最短2時間21分に。

　その後は、東海道新幹線のスピードアップに伴う時間短縮が刻まれる歴史となる。

　1964(昭和39)年10月1日に最高210km/h運転の東海道新幹線が開通。最速の「ひかり」で東京〜新大阪間4時間。翌年からは3時間10分。この0系の「3時間10分」が国鉄時代の「東京〜大阪間の基本」だ。

　国鉄晩年、東海道新幹線で最高220km/h運転が始まり2時間56分。民営化でJR東海に移行したのちの1992(平成4)年登場の新型300系「のぞみ」は最高270km/hで2時間30分。その後も車両性能の向上やダイヤの工夫で時間短縮を進め、2020(令和2)年3月14日からはN700Aタイプで最短2時間21分となった。

　現在、東海道新幹線は最高速度285km/hで運転されているが、新幹線として最初の建設ゆえ速度の制約となる曲線半径がきつめ(といっても最急半径2,500メートル)で、これ以上の大幅な時間短縮はむずかしそうだ。「限界に近い」のである。

　東京〜大阪間の所要時間。「移動」なのか「旅」なのか──どの時代の所要時間をその境界の線引きにするかは、人それぞれだろう。だが、弥次喜多のふたりがたまにうらやましくなる……そう思う現代人たちもきっといるに違いない。

時を刻む、時代を

鉄道の歴史と同じだけの歴史が時刻表にもある。木版の鮮やかな錦絵、
几帳面な活版、伸び伸びとしたイラスト、そして夢を表現する写真の採用……。
その表情を眺めていると、時を刻み、時代を刻んできた物語さえ感じられそうだ。

初めての「時刻表」らしきものを
人々が目にしたのはいつごろだろう。

品川駅発車時刻：
「午前九字」「午後五字」。
横浜駅発車時刻：
「午前八字」「午後四字」。
片道運賃：
上等一円五十銭・中等一円、下等
五十銭

「乗車せむと欲する者は遅くとも此
表示の時刻より十五分前にステイシ
ョンに来り切手買入其他の手都合を
為すへし」

こう記載されていたのは『鐵道列
車出發時刻及賃金表』である。
日本の鉄道は、1872年10月14日
（旧暦：明治5年9月12日）に新橋～
横浜間で開業したが、実はおよそ4か
月前の6月12日（旧暦：5月7日）に、
品川～横浜間で「仮開業」していた。
新橋～品川間には海を埋め立てて
線路を敷かなければならない区間も

鉄道独案内
1872（明治5）年
版元：伊勢屋兼吉　絵師：歌川芳虎
新橋～横浜間開業時に製作された列車時刻
付きの錦絵。資料には明治5年9月改印とあ
り、日本最初の時刻表のひとつとされている。
サイズは竪大判（365×245ミリ）。

多く、工事が難航していたのだ。
『鐵道列車出發時刻及賃金表』は、
当時の鉄道寮（鉄道事務を主管した
工部省の内局）がつくった。今日、私た
ちが手にする「時刻表」は利用者に
とっては「情報誌」であり、鉄道など

刻む、物語を刻め!

汽車出發時刻及賃金表
1872(明治5)年　鉄道寮

新橋～横浜間開業時の運行を司った鉄道寮による時刻&運賃表。時刻は新橋、横浜の発着のみと簡略化されているが、運賃は各区間で上中下等がすべて記されている。日本の貨幣単位は1871(明治4)年に円に改められたが、まだ旧単位となっている。

鐵道列車出發時刻及賃金表
1872(明治5)年　鉄道寮

6月12日(旧暦5月7日)に品川～横浜間を仮開業したときの鉄道寮時刻&運賃表。1日わずか2往復だったが、翌日から1日6往復に増発された。出発の15分前にはステイションに出向いて、乗車券となる「切手」を購入するなど利用の説明も記されている。

の交通機関にとっては「商品カタログ」である。その概念からして、これが日本初の「時刻表」と言えそうだ。

大正時代に鉄道省が編纂した『日本鉄道史』によると、開業翌年9月には「貨物賃銭表及列車發箸時刻表ヲ販売セシム」とあり、時刻表販売も始まったようだ。発売翌年の8月から停車場内の雑品販売が許可されており、こうした時刻表も取り扱われたのだろう。

いっぽう民間が作成したもので「現存する最古の時刻表」と思われるのが『鉄道独案内』である。江戸末期から明治の中期にかけて活躍した浮世絵師・歌川芳虎が絵を描き、伊勢屋兼吉によって販売された。当時流行していた錦絵とともに、開業当初の9往復の新橋〜横浜の発車時刻と運賃が載っている。駅舎、煙を吐く陸蒸気（蒸気機関車）、続く赤い客車。それを柵越しに覗く人、モダンな男性の姿も描かれている。

現物を保存している慶應義塾大学メディアセンターの目録によると「明治5年9月改印」とあり、まさに開業当時のものだ。

官製、民製……鉄道の始まりとともに、時刻表もまた始まったのである。

鉄道が広がる、時刻表が厚くなる

鉄道の発展。それは人々に夢と希望を与えた。

新線開業が相次ぎ、各地でつくられる時刻表にも工夫が凝らされ、こちらも発展していく。そして運行体制も頻繁に変更されるようになると、ついに月刊の時刻表が現れた。

汽車汽舩旅行案内
1894（明治27）年　庚寅新誌社
日本初の月刊時刻表。発行人の手塚猛昌は福沢諭吉の門下生。イギリスで時刻表に触れた福沢の進言を得て刊行に至ったとされている。

汽車汽舩旅行案内
1903（明治36）年　庚寅新誌社
『汽車汽舩旅行案内』は版を重ねると表紙にも広告が入るようになった。名古屋〜大阪間で官設鉄道と対抗した関西鉄道は常連広告主。

公認汽車汽舩旅行案内
1915（大正4）年　旅行案内社

時刻表を発行していた庚寅新誌社、交益社、博文館の3社が合併してひとつの時刻表を刊行するようになった。通巻番号は老舗の庚寅新誌社を踏襲。

　1894（明治27）年10月に登場した『汽車汽舩旅行案内』（庚寅新誌社発行）は、創刊号表紙のトップには「毎号發行」と記され、月刊であることが謳われていた。

　誌名が毛筆で書かれた表紙が時代をうかがわせる。

　版型はB6判。総ページ数は136ページ。内訳は時刻と沿線案内からなる本文が96ページ、私鉄関係19ページ、旅館4ページ、一般商品や銀行17ページと広告が続いていた。定価6銭。

汽車時間表
1925（大正14）年
日本旅行文化協會

『JTB時刻表』のルーツとなる『汽車時間表』の創刊号。鉄道省から業務用に作成されていた『列車時刻表』を一般向けに調整して刊行。

日本旅行文化協會では1924（大正13）年から会の機関誌として月刊『旅』も創刊。のちに一般旅行雑誌として2012年まで発行が続けられた。

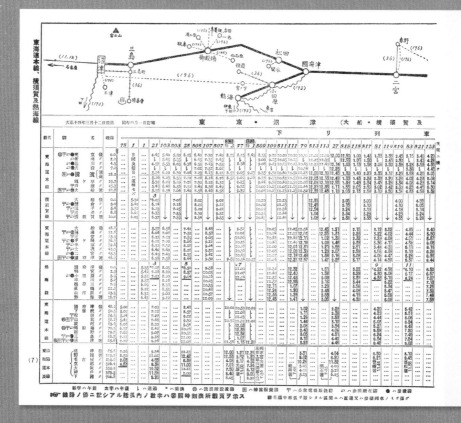

　当初は販売に苦労した話も伝えられているが、やがて軌道に乗った。

　そうなると競争相手が現れるのは世の常である。交益社、博文館、駸々堂などが『時間表』『旅行案内』などの誌名で次々と月刊時刻表の創刊を果たした。先陣を切っていた庚寅新誌社は『汽車汽舩旅行案内』から沿線案内を分離した『旅行案内』を刊行して対抗し、時刻表マーケットは乱立による混迷の時代となった。

日本旅行文化協會は組織の変遷を受けながらも『汽車時間表』の発行を続けた。携帯面から小型化された時代の1930(昭和5)年10月号(左)と、鉄道の発展で情報が増え、大判に戻された1934(昭和9)年12月号。

『汽車時間表』創刊号の東海道本線関連誌面。上に路線図が掲げられているが、この時代の東海道本線は丹那トンネル開通前で御殿場経由。国府津～熱海間は熱海線となっていた。

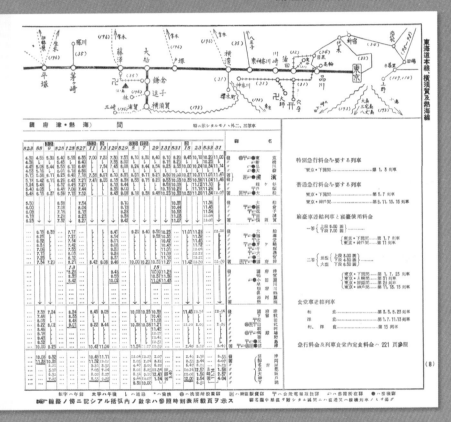

大正期に入ったところで庚寅新誌社、交益社、博文館の3社時刻表部門が合併して旅行案内社を設立した。これもまた、いつの時代でも見られる風景だろう。そして登場したのが『公認汽車汽舩旅行案内』である。

1915(大正4)年のことだ。

「公認」したのは、鉄道院である。

鉄道院は、鉄道管轄官庁で、1906(明治39)年の「鉄道国有法」で日本国有鉄道の運営範囲が北海道から九州まで一気に広がり、国有鉄道と

私設鉄道を一元的に管轄するために設置された官庁だ。

内容は庚寅新誌社の『汽車汽船旅行案内』を踏襲するように列車時刻とともに沿線名所案内に多くの誌面を割き、こちらもまた旅への誘いをそそるものだった。

大正時代。移動と旅への渇望

第一次世界大戦が収束した1918（大正7）年、原敬を首相とする本格的な政党内閣が誕生し、教育制度の改善、産業・貿易の発展、国防の充実が謳われ、同時に鉄道、道路の延伸を掲げ、交通機関の整備も重要な方針として加わった。

この世界大戦後、社会は大衆のものへと変化し始め、それが日本にも伝わり、新たな文化が人々の暮らしを彩っていく。

自動車、映画、ベースボール、ラジオ……時代は自由と民主を求める「大正デモクラシー」真っ只中となった。人々はさらなる移動を求め、そして旅への渇望・憧憬は強く深くなっていく。

作家・田山花袋、歌人で随筆家の大町桂月などの文化人が発起人となった旅行趣味の会「アルカウ会」を母体とした「日本旅行文化協會」の設立が企画されたのもこのころである。

1920（大正9）年、鉄道院から格上げされた鉄道省はこの設立を支援し、日本郵船、大阪商船に協力を要請するのと同時に、声をかけたのがジャパン・ツーリスト・ビューローだ。「外国旅行者の誘致や斡旋」を目的としたこの団体は1912（明治45）年に発足していた。

1924（大正13）年に設立した日本旅行文化協會は、その名の通り日本の旅行文化の向上をはかる団体で、旅行地・名勝地・旅館などを調査し、今日の旅行ガイドブックに相当する出版物の発行、そして講演会など、幅広く活動した。この会の機関誌として創刊したのが、平成時代まで長く続いた月刊誌『旅』である。

『JTB時刻表』の原点

さて鉄道省は、鉄道院時代に公認した『公認汽車汽船旅行案内』とは別に、実は「国鉄を中心とした全国版時刻表」を、生まれたばかりの日本旅行文化協會による発行物として世に出すことを目論んでいた。

そのベースとして考えていたのが、鉄道省の部内資料である。

明治末、鉄道国有化で拡大した国鉄運営のために鉄道院は部内資料として『列車時刻表』をつくっていた。大正に入るとダイヤ改正ごとに更新していたもので、1922（大正11）年からは、国鉄全線全駅全旅客列車のほかに、私鉄各線、各地の航路やバスなどの掲載も始めた。

いかにも便利そうなこの『列車時刻表』は、駅の待合室や出札口に置かれていた。目にした旅行者たちから「一般向けにも販売して欲しい」という声が出て、そうした要望に応える形で企画されたのだ。

『鐵道省運輸局編纂 汽車時間表 附汽舩自動車發著表』は1925(大正14)年4月号から発行を開始した。これが『JTB時刻表』の原点である。

漢数字縦組みから……

創刊号で、それまでと大きく変化したのは「時刻の表記」だった。

『公認汽車汽舩旅行案内』は漢数字縦組み。『鐵道省運輸局編纂 汽車時間表 附汽舩自動車發著表(以下『汽車時間表』)』ではアラビア数字横組みだ。

だが、このころはまだ12時制だったため、たとえば「午前9:00発／午後8:00着」のように表記されていた。24時制となるのは1942(昭和17)年10月11日。時刻表の24時表記もまだまだ先だ。

『汽車時間表』は、時刻表記のほかにも、弁当販売駅・洗面所設置駅・赤帽所在駅といったサービスもマークで示すなど見やすい誌面を心がけた編集をめざし、国鉄だけでなく、私鉄や航路の時刻も盛り込んだ。

ここに、国内旅行を「まさにこれ1冊」で組み立てられるという今日の「時刻表」の原形ができあがった。

その後、日本旅行文化協會は、日本旅行協会に改称し、さらに1934(昭和9)年にはジャパン・ツーリスト・ビューローと合併した。旅行会社としての機能が強化され、東亜旅行社、東亜交通公社を経て、1945(昭和20)年9月に日本交通公社(現・JTB)となった。

『汽車時間表』は1939(昭和14)年4月号から小型化、書名が『時間表』となった。写真は同年10月号。

国鉄は1942(昭和17)年10月11日から24時制化。『時間表』は11月号から『時刻表』と変更、24時制に。

太平洋戦争で『時刻表』の定期発行が困難になった。1944(昭和19)年から表記が「月」から「號」に。

時刻表
1945（昭和20）年　日本交通公社

終戦直後に発行された『時刻表』1號。用紙や資材難だったがA5判255ページで全国の時刻を収録。ただし表紙は1色刷り。資材不足でコストダウンをはかっている。版元の東亜交通公社から日本交通公社に名称変更。

時刻表は運営者も部内あるいは一般向けに発行している。1947（昭和22）年に運輸省の東京鉄道局から発行された『時間表』。

日本交通公社の『時刻表』は1949（昭和24）年の国鉄発足後、「国有鉄道編集」さらに「日本国有鉄道編集」が冠された。左から1947（昭和22）年6月号、1950（昭和25）年10月号、1956（昭和31）年11月号。

1956（昭和31）年11月19日、東海道本線全線電化で全国ダイヤ大改正を実施、12月号に紹介された。

1958（昭和33）年11月に国鉄初の電車特急「こだま」が誕生。11月号に「ビジネス特急」として紹介。

1961（昭和36）年10月に白紙ダイヤ改正を実施。10月号は特急時刻などを紹介した別冊付きとなった。

新幹線開業を翌年に控えた1963（昭和38）年8月号は『時刻表』史上初のカラー写真表紙となった。

1967（昭和42）年10月号から『時刻表』はB5判に拡大。表紙には世界初の寝台電車「月光」を紹介。

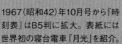

表紙にカラー写真採用後、写真は車両や列車をモチーフにしていたが、1978（昭和53）年10月号から旅情を捉えたイメージ的なものに。

時代とともに生きてきた時刻表

『汽車時間表』の流れを汲んだ時刻表は、戦後に『国鉄監修 時刻表』となりさらに誌名を幾度か変えつつ、現在の『JTB時刻表』に続いている。2021年に入って、通巻は1130号も超えた。時刻表として果たしてきた功績は語り尽くせない。

この『JTB時刻表』にとって、1987（昭和62）年の国鉄分割民営化、それによるJRグループの誕生は大きな出来事だったに違いない。JRグループ公式時刻表の『JR時刻表』（交通新聞社発行）が誕生し、それまでは時刻表と言えば「日本交通公社発行」だったが、強力なライバルの出現だった。

当時の発行元・弘済出版社は、国鉄支援団体だった鉄道弘済会にル

『JR時刻表』の前身となる弘済出版社『全国観光時間表』の1963（昭和38）年5月創刊号。

『全国観光時間表』は『観光時間表』を経て1964（昭和39）年10月から『大時刻表』に。

『大時刻表』は1968（昭和43）年～1975（昭和50）年の一時期『ダイヤエース時刻表』を名のった。

JNR編集時刻表
1987（昭和62）年
弘済出版社

国鉄の分割民営化時、JRグループは独自の公式時刻表発行をめざし、1987（昭和62）年4月号を『JNR編集時刻表』、翌号から『JR編集時刻表』として発行した。

JR発足翌年の「レールが結ぶ、一本列島。」改正では『JR編集時刻表』に各社の特徴ある車両が並んだ。

『JR編集時刻表』は1988（昭和63）年5月号から『JR時刻表』と名称変更。写真は2012年4月号。

ーツをもつ会社で、時刻表は1947（昭和22）年に『東京鉄道局編纂 列車時刻表』あたりでスタートしている。その後、月刊の『全国時間表』『全国観光時間表』をはじめ、北海道・九州・四国など地方版の時刻表も発行してきた。

現在の『JR時刻表』は国鉄晩年に発行されていた『大時刻表』を改編する形で1987（昭和62）年4月号を『JNR編集時刻表』、5月号から『JR編集時刻表』となった。そして1年後に現在の『JR時刻表』に改められた。

弘済出版社は、2001（平成13）年に交通新聞社と合併し現在に至っている。

＊

明治から大正、昭和、平成、そして令和。

その間、大きな戦争もあった。成長期もあった。災害も体験してきた。鉄道と時刻表は時代を超えて生き抜いてきた。

ここに並べられた時刻表の「顔」を眺めてみると、その表情はさまざまだ。試行錯誤したと思われる判型もやがては落ち着き、昭和の前半までの絵や地模様から、『JTB時刻表』の表紙にカラー写真が使われたのは1963（昭和38）年8月号。表紙写真そのものが話題になった号もあった。JR発足の際、JRのロゴマークを大きくあしらった『JNR編集時刻表』の表紙も見逃せない。

2022年に開業150年を迎える鉄道と、その鉄道に寄り添ってきた時刻表。時刻表の顔は、まさに「時代を映す鏡」でもあるのだ。

『JTB時刻表』の2009年5月号は日本旅行文化會の『汽車時間表』から数えて通巻1000号となった。前号は999という数字にちなんで松本零士の代表作「銀河鉄道999」のイラストが表紙を飾り、1000号はJR九州など各地の鉄道デザインで知られる水戸岡鋭治が担当した。

©松本零士／零時社

Illustration by Eiji Mitooka + Don Design Associates

スター車両ベストテン

JTB時刻表をはなやかに彩ったのは？
表紙を飾った スター車両ベストテン

長い歴史を持つJTB時刻表。ここでは表紙にカラー写真が初採用された
1963年8月号（通巻450号）から現在まで、登場回数の高かった車両の
ベストテンを並べてみた。「時刻表の顔」となって表紙を飾ったスターたちだ。

第1位
485系 （481系、483系、485系、489系）

49回

2001年2月号

日本中の電化区間で活躍した電車特急の代表選手

　国鉄の交直両用特急形電車が49回で最多出場。便宜上485系としたが、汎用型485系のほか、60Hz対応481系、50Hz対応483系、信越本線碓氷峠対応489系も含めたグループとしてカウントした。時刻表が鉄道利用を促すツールでもあると考えると表紙写真の選択は重要だ。485系は北海道から九州まで活躍しており、当然の首位といえる。大阪～青森間を結ぶ日本最長在来線特急として有名だった「白鳥」も1972（昭和47）年10月から485系が担当。引退を迎えた2001（平成13）年2月号でも表紙に雄姿を飾った。

このランキングは、1963（昭和38）年8月号（通巻450号）から2020年（令和2）年12月号（通巻1139号）までのJTB時刻表の表紙を飾った車両の登場回数を調査し、ランキングにしたものです。

第2位 キハ58系 （キハ56系、キハ57系、キハ58系）

45回

1983年11月号

電化、非電化、区間を問わず、重宝された急行形気動車

　北海道から九州まで全国的に活躍した国鉄の急行形気動車が第2位となった。北海道向けのキハ56形グループ、信越本線碓氷峠対応のキハ57形グループもあるが、ここでは便宜上キハ58系に含めてカウントしている。

　国鉄時代は急行が数多く設定されていたが、電化されている本線だけでなく、非電化のローカル線に直通する列車も多く、どちらの区間も運転できるキハ58系が重宝された。国鉄晩年、特急への格上げなどで急行が激減したが、キハ58系は普通列車でも活躍した。

第3位 0系

40回

1972年2月号

現役を去ったあとでも表紙を飾った初代新幹線

　東海道・山陽新幹線で活躍した初代の新幹線車両。登場は新幹線開業となった1964（昭和39）年10月号が最初。以後12か月間、毎号0系の姿が続いた。その後も適宜、表紙を飾り、引退となった2008（平成20）年11月号まで39回も登場している。

　さらに2014（平成26）年10月号では「東海道新幹線開業50周年」ということで再登場。現役を去った車両が表紙となったのは、おそらく最初で最後の英断ではなかろうか。まさに日本の鉄道を代表する車両といえるだろう。

第4位 キハ80系

28回

1969年5月号

国鉄初の特急形気動車。全国の昼行特急網を築く

　1960（昭和35）年、国鉄初の特急形気動車として上野〜青森間の特急「はつかり」でデビュー。最初は電車特急「こだま」の流れを汲むボンネットスタイルのキハ81形を先頭にした編成だったが、翌年からは先頭車にも貫通扉を設けたキハ82形として大量産された。こちらは「さん・ろく・とお」こと1961（昭和36）年10月ダイヤ改正で大量投入され、まだ非電化区間の多かった北海道・本州・九州に広がる昼行特急網を築いている。時刻表でもこうした非電化区間の特急としてPRされた。

第5位 キハ40系

25回

1989年4月号

国鉄晩年に量産された
ローカル線向け気動車

1977(昭和52)年から国鉄晩年にかけて量産されたローカル線向けの一般形気動車だ。導入する線区の環境や需要に合わせてさまざまなタイプがつくられているが、ここではすべてまとめてキハ40系としてカウント。

国鉄晩年、需要掘り起こしを狙ってさまざまなキャンペーンを実施、1980(昭和55)年には国鉄全線完乗をめざす「いい旅チャレンジ20,000km」も始まった。人々はローカル線にも目を向けるようになり、時刻表もそれを後押し、必然的にキハ40系の登場となった。

第6位 181系 (151系、161系、181系)

20回

1967年9月号

初代特急形電車。
国鉄の直流区間で活躍

国鉄の直流区間で活躍した初代の特急形電車。1958(昭和33)年、国鉄初の電車特急として東海道本線在来線の「こだま」でデビュー。当時はモハ20系と呼ばれたが、翌年の形式称号改訂で151系に。さらに上越線特急「とき」用として耐寒耐雪構造などを加えた161系も登場。1964(昭和39)年以降は両者の仕様を統一した181系に統合された。時刻表の表紙には中央本線「あずさ」、信越本線「あさま」、上越線「とき」などと各地の直流電化区間で活躍する181系の姿が数多く登場。

第7位 キハ181系

17回

2000年8月号

キハ80系の強化型。
急勾配の山岳路線を中心に

「よん・さん・とお」こと1968(昭和43)年10月ダイヤ改正でデビューした特急形気動車。キハ80系の強化型という位置付けで、急勾配の続く路線を中心に配属された。時刻表デビューは1971(昭和46)年6月号の奥羽本線を走る特急「つばさ」。その後、山陰および四国にも活躍の場を拡大していく。早速、1972(昭和47)年5月号では伯備線を走る特急「やくも」、翌号には予讃本線を走る特急「しおかぜ」の写真が紹介された。キハ181系はJRにも引き継がれ、その姿でも時刻表を飾っている。

第8位 583系 （581系、583系）

14回

1967年10月号

昼は座席、夜は寝台……。世界初の寝台電車

　世界初の寝台電車として開発された車両だ。日中は座席特急、夜間は寝台特急として昼夜兼行で運用できるのが特長だ。交直両用方式で、1967（昭和42）年に60Hz対応581系として誕生、翌年から50Hzと60Hzの双方で使える583系として量産された。ここでは581系と合わせて便宜的に583系としてカウントしている。時刻表の表紙に初めて登場したのは、1967（昭和42）年10月号。この10月改正から座席特急「みどり」、寝台特急「月光」として運転されたが、表紙写真は「月光」だった。

第9位 183系 （183系、189系）

12回

1985年7月号

地下を走るために強化された火災対策

　1972（昭和47）年にデビューした国鉄の特急形電車。この年、外房線の全線電化が完成、房総半島外周線がすべて電化された。さらに総武本線の東京〜錦糸町間も完成、東京駅発着で房総半島に向かう電車特急が新設されることになった。ただし東京〜錦糸町間は地下線となるため、火災対策を強化した専用車両として183系が開発されたのだ。その後、信越本線対応とした189系もつくられた。ここではこれらを合わせて便宜的に183系として数えた。

第10位 165系 （165系、169系）

10回

1981年2月号

急行運転のある全国の直流電化区間で広く活躍

　国鉄の直流電化区間で活躍した急行形電車のひとつ。山岳路線でも使えるように出力を強化、さらに耐雪耐寒構造としているのが特長。当初は上越線や中央本線などで使われたが、出力強化で高性能ということで急行運転のある全国の直流電化区間で広く使われるようになった。165系を信越本線対応とした169系も開発されたが、今回合わせてカウントした。時刻表への初登場は1966（昭和41）年9月号。電化路線では国鉄最高地を走る中央本線の急行「アルプス」が表紙を飾った。

参考文献

『日本鉄道史』鉄道省編、各巻（鉄道省、1921）

『鉄道80年のあゆみ』日本国有鉄道編（日本国有鉄道、1952）

『日本国有鉄道百年史』日本国有鉄道写真でみる貨物鉄道百三十年編集委員会編、各巻（交通協力会、1969 〜 1974）

『日本国有鉄道百年写真史』日本国有鉄道編（交通協力会、1972）

『国鉄歴史事典』日本国有鉄道編（交通協力会、1973）

『写真でみる貨物鉄道百三十年』日本貨物鉄道編（日本貨物鉄道、2007）

『日本の鉄道 100年の歩みから』原田勝正ほか編（三省堂、1973）

『鉄道の日本』交通博物館編（交通博物館、1964）

『鉄道開業ものがたり』鉄道博物館学芸部編（鉄道博物館、2012）

『営団地下鉄五十年史』（帝都高速度交通営団、1991）

『鉄道年表』門司鉄道管理局編（門司鉄道管理局、1969）

『鉄道百年略史』鉄道百年略史編さん委員会編（鉄道図書刊行会、1972）

『鉄道総合年表 1972-93』池田光雅（中央書院、1993）

『鉄道運輸年表〈増補版〉』大久保邦彦ほか編（月刊『旅』付録、日本交通公社、1987）

『鉄道運輸年表〈最新版〉』大久保邦彦ほか編（月刊『旅』付録、JTB、1999）

『鉄道要覧』国土交通省鉄道局編（前身の『地方鉄道一覧』などより各号、鉄道図書刊行会）

『交通年鑑』各号（交通協力会）

『世界の鉄道』各号（朝日新聞社）

『年鑑　日本の鉄道』各号（鉄道ジャーナル社）

『数字でみた国鉄』各巻（日本国有鉄道）

『数字でみる鉄道』各巻（運輸政策研究機構ほか）

『汽車汽舩旅行案内』各号（庚寅新誌社）

『鉄道旅行案内 大正5年版』鉄道院編（鉄道院、1916）

『鉄道旅行案内』鉄道省編（鉄道省、1930）

『JTB時刻表』（創刊『汽車時間表』より各号、JTBパブリッシング）

『JR時刻表』（創刊『全国観光時間表』より各号、交通新聞社）

『復刻版 昭和43年10月 貨物時刻表』（交通新聞社、2010）

『日本の鉄道と時刻表』高松吉太郎ほか編（新人物往来社、1979）

『表紙で見る「時刻表」のあゆみと鉄道史 時刻表1000号物語』交通情報部編（JTBパブリッシング、2009）

『時刻表でたどる鉄道史』宮脇俊三編（JTB、1998）

『時刻表が刻んだあの瞬間 JR30年の軌跡』（JTBパブリッシング、2017）

『時刻表でたどる特急・急行史』原口隆行（JTB、2001）

『国鉄・JR特急列車100年』三宅俊彦ほか（JTBパブリッシング、2012）

『時刻表に見る〈国鉄・JR〉列車編成史』三宅俊彦ほか（JTBパブリッシング、2011）

『JR特急10年の歩み』（弘済出版社、1997）

『列車名変遷大辞典』三宅俊彦（ネコ・パブリッシング、2006）

『国鉄・JR列車名大辞典』寺本光照（中央書院、2001）

『名列車列伝―時代を駆けた列車たち―』大久保邦彦ほか（日本交通公社、1988）

『鉄道の時代』NHK編（日本放送出版協会、1990）

『国鉄きっぷ全ガイド』近藤喜代太郎（日本交通公社、1987）

『図説駅の歴史 東京のターミナル』交通博物館編（河出書房新社、2006）

『省線電車史綱要』東京鉄道局編（東京鉄道局、1927）

『東海道線東京近郊電化写真帖』鉄道省東京電気事務所編（鉄道省東京電気事務所、1928）

『丹那トンネルの話』鉄道省熱海建設事務所編（工業雑誌社、1934）

『東海道線130年の歩み』吉川文夫（グランプリ出版、2002）

『東海道線黄金時代 電車特急と航空機』広岡友紀（JTBパブリッシング、2012）

『東海道新幹線 その足どりとリニアへの展望』須田寛（大正出版、1989）

『東海道新幹線』須田寛（JTB、2000）

『東海道新幹線Ⅱ』須田寛（JTB、2004）

『山陽新幹線』南谷昌二郎（JTBパブリッシング、2005）

『日本列島改造論』田中角榮（日刊工業新聞社、1972）

『国鉄車両一覧』日本交通公社編（日本交通公社、1987）

『国鉄車両配置表』各巻（鉄道図書刊行会）

『日本の蒸気機関車』臼井茂信ほか（鉄道図書刊行会、1960）

『蒸気機関車のすべて』久保田博（グランプリ出版、1999）

『細密イラストで綴る 日本蒸気機関車史』片野正巳（ネコ・パブリッシング、2017）

『C62』松本謙一ほか編（プレス・アイゼンバーン、1969）

『交通新聞』各号（交通新聞社）

『太政官日誌』各号

『官報』各号

『国鉄線』各号（交通協力会）

『鉄道ピクトリアル』各号（電気車研究会）

『鉄道ファン』各号（交友社）

『鉄道ジャーナル』各号（鉄道ジャーナル社）

『注解 鉄道六法』国土交通省鉄道局編（第一法規）

『鉄道辞典』日本国有鉄道編、各巻（日本国有鉄道、1958、1966）

『鉄道技術用語辞典』鉄道総合技術研究所編（丸善、1997）

『図説鉄道工学』天野光三ほか（丸善、1992）

写真協力 (敬称略)

青森県
白石健二撮影『青森県の鉄路と風景』よりP100右、P103上右〈クリエイティブ・コモンズ・ライセンス表示4.0国際（CC BY 4.0）〉

宇都宮ライトレール
P143右上から2番目

岡山県立記録資料館
P60

京都鉄道博物館
P92

京都府立京都学・歴彩館
P13一番上、P14下左、P21上から2番目、P146

下松市郷土資料展示収蔵施設「島の学び舎」
P75右下

宮内庁書陵部
P18上2点

群馬県立図書館デジタルライブラリー
東京日日新聞社編『上越線全通記念画報』よりP46一番下

慶應義塾図書館
P152

交通協力会
『日本国有鉄道百年史第1巻』よりP12上から2番目
『日本国有鉄道百年史第2巻』よりP11中
『日本国有鉄道百年史第3巻』よりP18下左、P20上から3番目、P28上から2番目
『日本国有鉄道百年史第4巻』よりP15下、P147上
『日本国有鉄道百年史第5巻』よりP29一番下
『日本国有鉄道百年史第6巻』よりP34左
『日本国有鉄道百年史第7巻』よりP36一番下、P44、P148中
『日本国有鉄道百年史第8巻』よりP40上右、P45下右
『日本国有鉄道百年史第9巻』よりP47上から1・3番目
『日本国有鉄道百年史第10巻』よりP50上右、P54一番下、P55一番上、P58下右、P59左から1・3・4番目、P63上から2番目
『日本国有鉄道百年史第12巻』よりP56-57下、P71一番下、P83、P97上から3番目
『日本国有鉄道百年史第13巻』よりP73上・下、P86下左3点、P87上中、P88上から3番目
『日本国有鉄道百年史第14巻』よりP72上左、P76右上、P78上から2番目、P82中、P85下、P93
『日本国有鉄道百年写真史』よりP6下4点、P7、P11上・下左、P12一番上、P13上から2・3番目、P14下右、P16-17、P18下右、P20一番下、P22下、P25上・下左、P27中、P28一番下、P31上、P35上、P37一番下、P40下右、P45上左・下左、P46上から2番目、P47一番下、P53下、P54上から2番目、P55上から2・3番目、P58上2点・中右・下左、P59左から2番目、P61左、P62上から2・3番目、P63上から1・3番目、P64-65上、P65下、P66-67上、P70上から2・3番目、P72下左、P76-77、P78一番上、P79一番上、P82上、P84-85上、P87上左・下、P88一番上、P89上から2・4番目、P94-95、P96上から1・3番目、P101上右、P153すべて、P154右
『日本国有鉄道百年写真史 復刻版追録 その後の15年』よりP101全面、P102、P103上左、P104上から2・4番目、P105上から1・3・4番目、P108-109上、P108上から2番目、P109下右、P112上から1・2・3番目、P113一番上

交通新聞社
P107、P113一番下2点、P116下、P162すべて

国立公文書館
P22-23上、P53上

国立国会図書館
P29上から3番目、P147下
『国立国会図書館デジタルコレクション』よりP8-9、P12一番下、P13一番下、P15上、P20上から1・2番目、P21上から3・4番目、P27上、P29上から1・2番目、P31下2点、P37上から1・2番目、P40下左、P42-43、P43下、P45上右、P46上から3番目、P54一番上、P56下左、P71上から2番目、P148上
『国立国会図書館 近代日本人の肖像』よりP12上から3番目、P35下右

静岡県立中央図書館
P41、P47上から2番目

高砂市
P98上

旅の図書館
P14上、P19、P52、P75右上、P88上から2番目、
P89一番上、P103下右、P154左、P155、P156
上右

地下鉄博物館
P68上右

東京都
P70一番下、P71上から3番目、P82下、P123
一番下

東京都立中央図書館
P10上『東京の名所』、P32-33『帝都の大玄関
東京駅の壮観 The Tokyo Station; Railway
Center in Japan』、P35下左『飛行機より俯瞰せ
る大東京駅附近 An aeroview of the environs
of Tokyo Station』、P36一番上『丸ノ内　東京
駅』、P37上から3番目『東洋唯一の地下鉄道ホー
ムの一部 A partial view of the Tokyo Subway
railroad』

東京モノレール
P88一番下

日本地下鉄協会
P123上から2番目

ニューヨーク公共図書館
P6上、P10下

函館市中央図書館デジタル資料館
P24、P26、P27下、P36上から2番目、P61右

広島市公文書館
P28一番上

福井県文書館
P79上から2番目『置県百年 北陸トンネルの開通』

船橋市郷土資料館
P25下右

北海道大学附属図書館北方資料室
P28上から3番目

レイルウエイズ グラフィック(RGG)
P62一番上

iStock
P124下(bee32)、P125右(winhorse)、
P126-127(mura)、P129上左(winhorse)・
中左(Kommercialize)・下左(tapanuth)、
P130一番上(winhorse)、P136(MasaoTaira)、
P138上から2番目(font83)・
3番目(MasaoTaira)・4番目(Atiwat Studio)、
P139一番下(Fiers)、
P143右上から3・4番目(winhorse)・
5番目(vichie81)・6番目(Qju Creative)、
P144-145(i Mazda)、P150右(winhorse)

JR九州
P132-133すべて、P134-135全面、P139一番上

JR東海
P142、P143左

JR西日本
P135上2点

JR東日本
P135下2点、P140-141すべて

PIXTA
P100上左(髙橋義雄)、P166中左(髙橋義雄)

Railstation.net
P104一番上、P123一番上

青山東男
P51、P55一番下、P58中左、P62一番下、P67下、
P68上左・P68-69下、P70一番上、P148下、
P149

井上廣和
P116上、P118下右

片岡俊夫
P173、P174

富田康裕
P110、P111上左

星川功一
P34右

宮下啓司
P103下左、P105上から2番目

上記以外、筆者撮影・提供

協力　株式会社JTBパブリッシング『JTB時刻表』編集部

あとがきにかえて

　「時刻表」とは実に不思議な本だと思う。

　興味のない人、使い方のわからない人にとっては、これほど無味乾燥な本はない。なにしろ、ページの多くは単なる数字で埋め尽くされているのだから……。

　一方、仕事であれ、趣味であれ、「時刻表」の使い方を会得した人にとっては、この上ない情報源となる。総ページ数にしても大判なら1,000ページを越える。これが月刊で発売されているのだ。毎号、隅から隅まで、くまなく読み込む人は少ないだろうが、拾い読みするだけでも、時刻表は新たな発見に満ちている。

　人によって価値観の差は、天と地ほどに広がる。

　私にとっての「時刻表」の魅力は、なんといってもそこに示された情報にある。

　誌面としての表現はさまざまあるが、主たる列車の運行情報については、なんら装飾も加えられず、淡々と１分刻みの時刻で示されている。その情報は１分違えば大ごとで、書き換えは許されない。

　一般の書籍には、制作者の主観が入るのは当然だが、時刻表は主観の入れようがない「データ」そのものなのだ。

　生涯を「時刻表」への愛にささげた大先輩の宮脇俊三氏

は、それを「不言実行」の言葉で表されていたが、自己主張はなく、必要なことが寡黙なまでに淡々と表現されたその姿を魅力とされていた。

　もっともこれは「日本の鉄道が正確に運行されている」という信頼感があってゆえの魅力なのだ。

　鉄道を運行する現場では、15秒あるいは10秒刻みで列車が管理され、分単位の異常が発生した場合は管理者に報告が上がる。その情報は速やかに共有され、運行状況の復旧をめざすとともに利用者にも適宜伝えられる。2〜3分の遅れともなるとお詫びの言葉すら出てくるのが日本の鉄道だ。

　これが鉄道に対する信頼感であり、それを案内する「時刻表」への信頼感となる。

　私は、ちょっとした旅でも必ず「時刻表」を持ち歩く。しかも大判。かさばるし、重量も結構あるのだが、やめられない。

　知らない土地を歩くとき、1枚の地図があると心強い。

　自分の目の届かない範囲についても何らかの情報を与えてくれ、水先案内人となってくれるからだ。

戦前に特急「燕」「富士」の列車食堂を担当していた「みかど食堂」のマッチ箱。

そこから得られる基本的な情報は、場所の移動にともなう時刻の移り変わりだ。自分がこれから進もうとする行程の情報を先取りでき、案内してくれるのである。

　ま、"旅"を楽しむため、あえて「時刻表」や地図を持たずに出かけることもあるが、これは酔狂な遊びである。時間などの制約があるとき、「時刻表」は必携となる。

「時刻表」から得られる情報は未来の話だけではない。

　バックナンバーを手に取れば、いくらでも過去にさかのぼれる。自分の生まれる前の世界を旅することもできる。

　ささやかな想像力と「時刻表」さえあれば、どこへでも旅立てるのだ（もちろん、「時刻表」に掲載されている時代とその範囲にしか行けないが……）。

　2022年、日本の鉄道は開業から150周年という節目を迎える。

「時刻表」はその形態こそさまざまだが、150年前の1872（明治5）年から存在した。そうした「時刻表」に触れると、当時の列車の姿が見えてくる。

　新橋〜横浜間で開業した当初、1日に9往復の列車が運行された。新橋を出る一番列車は8時ちょうど発。品川8時

昔懐かしいマッチ箱
のラベルが当時の
趣をいまに伝える。

08分発、川崎8時26分発、鶴見8時34分発、神奈川8時45分発と各駅に停車しながら、横浜には8時53分に到着する。

　現代の京浜東北線は途中12の駅に停まりながら新橋〜桜木町(当時の横浜)間を40分ほどで結んでいる。だから当時も結構な速度で走っていることがわかる。

　現在の新橋〜桜木町間は28.9キロ。時速4キロで歩いたとしたら7時間以上かかっていた区間だ。それを1時間以内で移動できるとはさぞ驚いたことだろう。

　当時の「時刻表」を見ていくと、横浜からの上りの一番列車も8時ちょうど発で新橋に8時53分着となっていた。途中の駅を調べていくと、上り列車も川崎が8時26分発となっている。当初は単線での運行で、川崎で上下の列車が行き違っていたと想像できる。

「時刻表」を読み込めば読み込むほど、こうした発見が次々と出てくるのである。

　本書はそうした思いの中、歴代のさまざまな「時刻表」に触れつつ、150年にわたって走ってきた日本の鉄道を追ってみた。

　読者の皆さんにとって日本の鉄路を走り続けてきた列車たちに、少しでも想いが広がれば幸いである。

松本典久

著者　松本典久（まつもとのりひさ）

1955年、東京都生まれ。東海大学卒業。出版社勤務を経て、1982年からフリーランスの鉄道ジャーナリスト。「鉄道ファン」「旅と鉄道」誌等に多く寄稿。著書は『オリンピックと鉄道』『夜行列車の記憶』『60歳からのひとり旅　鉄道旅行術』ほか多数。監修に『読鉄全書』ほか。

編集　　森永敏之、木﨑しおり（株式会社ブレンズ）

デザイン　Achiwa Design,inc.

鉄道と時刻表の150年（てつどうとじこくひょうの150ねん）
紙の上のタイムトラベル（かみのうえのタイムトラベル）

2021年2月5日　第1刷発行

著　者　　松本典久（まつもとのりひさ）

発行者　　千石雅仁

発行所　　東京書籍株式会社
　　　　　〒114-8524　東京都北区堀船2-17-1
電　話　　03-5390-7531（営業）　03-5390-7505（編集）

印刷・製本　図書印刷株式会社

ISBN 978-4-487-81229-5　C0095